Essential Mathematics
for GCSE Foundation tier

Homework book

Michael White

Elmwood Education

First published 2006 by

Elmwood Education Ltd
Unit 5, Mallow Park
Watchmead
Welwyn Garden City
Herts.
AL7 1GX
Tel. 01707 333232

All rights reserved. No part of this publication may be reproduced, stored in a retrieval system, or transmitted, in any form or by any means, electronic, mechanical, photocopying, recording or otherwise, without permission in writing from the publisher or under license from the Copyright Licensing Agency, 5th Floor, Shackleton House, Hay's Galleria, 4 Battle Bridge Lane, London SE1 2HX.

Any person who commits any unauthorised act in relation to this publication may be liable to criminal prosecution and civil claims for damages.

© Michael White
The moral rights of the authors have been asserted.
Database right Elmwood Education (maker).

ISBN 9781 902 214 726

Typeset and illustrated by TnQ Books and Journals Pvt. Ltd., Chennai, India.

Foundation Tier Answers

page 1 **Task 1.1**

M
1. a 20 b 500 c 100 d 4000 e 4
2. a 345 b 543 3. £50 4. £700

E
1. a $\frac{9}{100}$ b $\frac{3}{100}$ c $\frac{8}{1000}$ d $\frac{5}{10}$
   e $\frac{4}{1000}$ f $\frac{6}{10}$ g 20 h $\frac{7}{1000}$
2. 0·03 3. 0·6 4. 0·008

page 1 **Task 1.2**

M
1. a 40 b 40 c 80 d 80 e 330
2. a 300 b 800 c 400 d 1200 e 1600
3. a 4000 b 6000 c 7000 d 4000 e 7000
4. £14·00 5. 54 kg
6. a 7 b 5 c 8 d 13 e 19

E
1. a 28 b 30 c 16 d 36
   e 110 f 14 g 0 h 12
2. 260, 349, 302, 287
3. a 16 460 b 16 500 c 16 000

page 2 **Task 1.3**

M
1. 111 2. 803 3. 7513 4. 27 5. 35
6. 217 7. 279 8. 3242 9. 1811 10. 51 380
11. 906 12. 281 13. 726

E
1. £279 2. £739 3. 416 4. 427 5. 229
6. 170 7. 118 8. 204 9. 385 10. 747

page 3 **Task 1.4**

M
1. a 7200 b 41 600 c 58 600 d 6730
   e 57 000 f 6 720 000
2. a 4700 b 38 c 480 d 100
   e 10 f 720 g 215, 2150, 215 000
3. £80 000

E
1. a 1200 b 27 000 c 50 d 8 e 400 f 280 000
2. a 80 b 40 c 5 d 300 e 800 f 21 000
3. £2 700 000

page 4 **Task 1.5**

M
1. 168 2. 315 3. 296 4. 147
5. 504 6. 912 7. 2104 8. 3704
9. 4428 10. 2556 11. £3774

E
1. 448 2. 408 3. 966 4. 2176 5. 3195
6. 15 156 7. 23 492 8. 35 112 9. £592 10. 624

page 4 **Task 1.6**

M
1. 8 2. 7 3. 4 4. 9 5. 8
6. 23 7. 34 8. 73 9. 37 10. 216
11. 48 12. 59 13. 75 14. 351 15. 483

E
1. 145 r 3 2. 142 r 2 3. 39 r 4
4. 452 r 3 5. 534 r 8 6. 118 r 2
7. 97 r 1 8. 47 r 1 9. 626 r 4
10. 1811 r 1 11. 8 12. 32 13. 19

page 5 **Task 1.7**

M
1. 28 2. 36 3. 25 4. 16
5. 34 6. 43 7. 38 8. 19

E
1. 24 2. 32 r 28 3. B 4. 12 5. 16

page 5 **Task 1.8**

M
1. a 5° b 7° c 10° d 15° 2. 5° 3. 7 °C
4. a −5 b −5 c −3 d −11 e −1 5. 2°

E
1. a 8   b 3   c −5   d −6   e −4   f −6
   g 0   h −9   i −8   j 0
2. a 8   b −3   c 6   d −6   e 6   f 2
3. a −5   b −3   c −2   d −9   e −5   f −10

page 6   Task 1.9

M
1. a −24   b −24   c 8   d −5   e 7
   f 6   g 42   h −72   i −8   j −54
   k −5   l −5   m 9   n 56

2.
×	−4	−2	−8	9
3	−12	−6	−24	27
−5	20	10	40	−45
6	−24	−12	−48	54
−3	12	6	24	−27

E

1.
16	÷	−4	→	−4
÷		×		
−8	+	5	→	−3
↓		↓		
−2	×	−20	→	40

2.
−3	×	−4	→	12
×		×		
−7	−	−6	→	−1
↓		↓		
21	−	24	→	−3

3.
−15	+	−5	→	−20
÷		×		
−5	+	2	→	−3
↓		↓		
3	−	−10	→	13

page 7   Task 1.10

M
1. a 14   b 11   c 30   d 14   e 31   f 6   g 36   h 25
   i 10   j 3   k 10   l 10   m 45   n 4   o 4   p 4

E
1. a 64   b 120   c 21   d 31   e 7   f 1500
   g 84   h 25   i 1   j 32   k 20   l 48
2. a $7 \times (4 + 2) = 42$ b $(6 + 9) \div 3 = 5$
   c $(6 + 3) \times 4 = 36$ d $(4 + 3) \times (8 − 6) = 14$
   e $(12 + 6) \div 9 = 2$ f $(15 − 6) \times (3 + 6) = 81$
   g $8 \times (4 − 2) = 16$ h $72 \div (2 + 6) = 9$

page 7   Task 2.1

M
1. a 25   b 49   c 36   d 1   e 900
2. a 4   b 6   c 10   d 8   e 1   **3.** 5 cm   **4.** 20
5. a 25   b 65   c 36   d 136   e 7
   f 9   g 7   h 2   i 10

E
1. a 8   b 64   c 1   d 125   e 1000   **2.** 27
3. a 2   b 1   c 5   d 3   **4.** 10
5. a 2   b 4   c 125

page 8   Task 2.2

M
1. a 3^4 b 2^6 c 7^5 d 10^3
2. a $9 \times 9 \times 9 \times 9$ b $5 \times 5 \times 5 \times 5$
   c $6 \times 6 \times 6 \times 6 \times 6 \times 6$
   d $2 \times 2 \times 2 \times 2 \times 2 \times 2 \times 2$
3. 2^3 **4.** 5^2 **5.** a 18   b 108   c 500
6. a 625   b 729   c 1024   d 100 000
   e 16 807   f 4096   g 279 936   h 243
   i 4096   j 6561   k 16 384   l 262 144
7. 729, 2187   **8.** 9

page 9   Task 2.3

M
1. 1, 2, 4, 5, 10, 20   **2.** 1, 2, 3, 4, 6, 12
3. 1, 29   **4.** 1, 2, 3, 6, 9, 18
5. 1, 2, 4, 8, 16, 32   **6.** 1, 2, 5, 10, 25, 50
7. a 2, 6, 14   b 5, 9, 11, 13
   c 2, 5, 11, 13   d 2, 6
8. 2, 4, 6, 8, 12, 24   **9.** 5, 7   **10.** 32, 36

E
1. **a** 3, 6, 9, 12, 15   **b** 6, 12, 18, 24, 30
   c 9, 18, 27, 36, 45   **d** 8, 16, 24, 32, 40
   e 12, 24, 36, 48, 60
2. **a** 18, 42, 54   **b** 21, 28, 42, 63   **c** 21, 63
3. 6, 12, 18, 24, 30; 10, 20, 30, 40, 50; 30
4. **a** 40   **b** 24   **c** 60   5. 35 mins

page 10 **Task 2.4**

M
1. **a** 1, 2, 3, 6, 9, 18   **b** 1, 2, 3, 5, 6, 10, 15, 30   **c** 6
2. **a** 1, 2, 3, 5, 6, 10, 15, 30   **b** 1, 3, 5, 9, 15, 45   **c** 15
3. **a** 10   **b** 5   **c** 12   **d** 8

E
1. **a** 45   **b** 28   **c** 36   2. **a** 5   **b** 5   **c** 7
3. **a** 3×5^2 **b** $2^2 \times 11$ **c** $2^4 \times 5$ **d** $2 \times 3^3 \times 11$
4. 21   5. $3^2 \times 5 \times 7$; $3^2 \times 5 \times 11$; $3^2 \times 5$ (45)
6. $2^2 \times 3^2 \times 11$; $2^2 \times 3 \times 5 \times 7$; $2^2 \times 3$ (12)

page 11 **Task 2.5**

M
1. A and B
3. **a** $\frac{15}{20}$ **b** $\frac{4}{12}$ **c** $\frac{10}{16}$ **d** $\frac{8}{36}$
   e $\frac{15}{40}$ **f** $\frac{35}{100}$ **g** $\frac{24}{30}$ **h** $\frac{45}{81}$

E
1. **a** $\frac{9}{10}$ **b** $\frac{2}{5}$ **c** $\frac{2}{5}$ **d** $\frac{3}{4}$ **e** $\frac{1}{3}$
   f $\frac{1}{4}$ **g** $\frac{3}{4}$ **h** $\frac{2}{3}$ **i** $\frac{7}{9}$ **j** $\frac{8}{11}$
2. a, d, f   3. RADISH

page 12 **Task 2.6**

M
2. **a** $\frac{8}{16}$ **b** $\frac{9}{16}$ 3. **a** $\frac{5}{8}$ **b** $\frac{26}{30}$ **c** $\frac{6}{7}$
4. **a** $\frac{7}{20}, \frac{3}{10}, \frac{1}{4}$ **b** $\frac{11}{16}, \frac{5}{8}, \frac{19}{32}$ **c** $\frac{13}{18}, \frac{2}{3}, \frac{5}{9}$ **d** $\frac{1}{6}, \frac{1}{8}, \frac{5}{48}$
5. **a** $\frac{6}{16}$ **b** $\frac{8}{16}$ **c** YES
6. **a** $\frac{10}{40}$ **b** $\frac{12}{40}$ **c** $\frac{11}{40}$
7. **a** $\frac{25}{35}$ **b** $\frac{28}{35}$ **c** $\frac{26}{35}$ or $\frac{27}{35}$
8. **a** $\frac{9}{30}$ **b** $\frac{21}{24}$ **c** $\frac{15}{20}$

page 13 **Task 2.7**

M
1. Yes   2. Yes   3. No
4. **a** $\frac{3}{100}$ **b** $\frac{41}{50}$ **c** $\frac{2}{5}$ **d** $\frac{13}{250}$ **e** $\frac{3}{20}$
5. **a** $\frac{55}{100} = 0.55$ **b** $\frac{35}{1000} = 0.035$
6. **a** 0.15   **b** 0.76   **c** 0.515   **d** 0.375   **e** 0.52
7. **a** $0.\dot{5}$ **b** $0.0\dot{9}$ **c** $0.41\dot{6}$

E
1. **a** 0.5   **b** 0.04   **c** 0.742   2. True   3. False
4. **a** 0.003, 0.03, 0.3
   b 0.091, 0.902, 0.91, 0.92
   c 0.07, 0.073, 0.712, 0.75
   d 0.048, 0.408, 0.418, 0.48
   e 7.06, 7.07, 7.1, 7.102, 7.13
5. **a** F   **b** T   **c** T   **d** F   **e** T   **f** F

page 14 **Task 3.1**

M
1. **a** Ac   **b** Ac   **c** Re   **d** Ob   **e** Ac
   f Ob   **g** Re   **h** Re   **i** Ac   **j** Re
2. **a** 90°   **b** 90° < Ob < 180°   **c** 180°
3. 120°, 138°   5. No   6. 2

E
1. Ac   2. **a** Ac   **b** Ac
3. **a** ∠PNM   **b** ∠PSR   **c** ∠GFH
4. **a** 40°   **b** 125°   **c** 55°

page 16 **Task 3.2**

M
1. $a = 150°$ 2. $b = 63°$ 3. $c = 40°$ 4. $d = 135°$
5. $e = 156°$ 6. $f = 37°$ 7. $g = 162°$ 8. 54°

E
1. **b** 90°   3. $a = 75°$ 4. $b = 66°$ 5. $c = 49$
6. $d = 112°, e = 68°$ 7. $f = 63°, g = 117°$
8. $h = 53°, i = 45°$ 9. $j = 34°, k = 56°$
10. $l = 69°, n = 111°, m = 69°$

page 17 **Task 3.3**

M
1. $a = 70°$ 2. $b = 48°, c = 84°$
3. $d = 65°, e = 50°, f = 115°$ 4. $g = 80°, h = 80°$

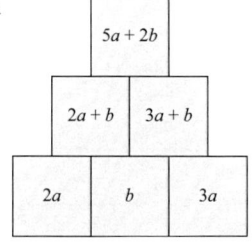

4 **Foundation tier**

5. $i = 60°, j = 120°$ **6.** $k = 52°, l = 52°, m = 52°$
7. $n = 72°, o = 54°, p = 54°$
8. $q = 57°, r = 57°, s = 66°$

E
1. $a\ 107°$ **2.** $b\ 39°$ **3.** $c\ 47°, d\ 47°$
4. $e\ 110°, f\ 70, g\ 110°$
5. $h\ 124°, i\ 124°, j\ 56°, k\ 143°$
6. $l\ 86°, m\ 94°, n\ 54°, o\ 54°$
7. $p\ 115°, q\ 115°, r\ 65°, s\ 115°$
8. $t\ 86°, u\ 64°, v\ 30°$

page 18 **Task 3.4**
E
1. 2   **2.** 4   **3.** 2   **4.** 5   **5.** 3   **6.** 1   **7.** 8   **8.** 6

page 19 **Task 3.5**
M
1. 2   **3.** 9

page 20 **Task 3.6**
M
2. None   **4.** Trapezium   **5.** 90°
7. equal, parallel, half   **8.** 1

E
1. $a\ 60°$ **2.** $b\ 103$
3. $c\ 77°, d\ 103°$ **4.** $e\ 75°, f\ 105°$
5. $g\ 63°, h\ 84°$ **6.** $i\ 72°, j\ 72°, k\ 58°$
7. $l\ 59°, m\ 66°$ **8.** 108°   **9.** 104°

page 21 **Task 3.7**
M
1. $a\ 103°, b\ 103°$ **2.** $c\ 59°, d\ 59°$
3. $e\ 133°, f\ 133°, g\ 47°$ **4.** $h\ 32°, i\ 99°$
5. $j\ 58°, k\ 73°, l\ 49°$ **6.** $m\ 118°$
7. $n\ 58°, o\ 122°, p\ 77°$ **8.** $q\ 104°, r\ 152°, s\ 56°$

page 23 **Task 3.8**
M
1. 360°   **2.** 45°   **3. a** 36°   **b** 144°
4. 140°   **5. a** 20°   **b** 15°   **c** 8°

6. a 160°   **b** 165°   **c** 172°
7. 15   **8.** 20

page 23 **Task 4.1**
M
1. 12   **2.** 21   **3.** 27   **4.** 43   **5.** 10
6. 16   **7.** 1   **8.** 49   **9.** 58   **10.** 8
11. 90   **12.** 90   **13.** 63   **14.** 6   **15.** 33
16. 2   **17.** 6   **18.** 74   **19.** 84   **20.** 17
21. 10   **22.** 63   **23.** 48

E
1. -8 **2.** -3 **3.** -5 **4.** 4   **5.** 14
6. 17   **7.** 11   **8.** 16   **9.** 41   **10.** 20
11. 0   **12.** 19   **13.** -14 **14.** 12 **15.** 42
16. 16   **17.** 11   **18.** 12   **19.** -7 **20.** 32
21. 0   **22.** 80   **23.** 45

page 24 **Task 4.2**
M
1. 17   **2.** 41   **3.** 2   **4.** 54   **5.** 105
6. 8   **7.** 250   **8.** 60   **9.** 18   **10.** 42·408

E
1. a 11   **b** 114   **c** 45   **2. a** 46   **b** 150
3. a 65   **b** 7   **c** 23   **d** 20
4. a 108   **b** 300   **c** 768
5. $1·35 \times 10^{18}$ **6. a** -75 **b** -17

page 26 **Task 4.3**
M
1. $9x + 9y$ **2.** $8p + 6q$ **3.** $13a + 6b$
4. $2m + 9p$ **5.** $4a + 5b$ **6.** $2f + 6g$
7. $3a + 5b$ **8.** $5p + q$ **9.** $2m + 3q$
10. $a + b$ **11.** $x + 5y$ **12.** $2m + p + 9q$
13. a

	$5a + 2b$	
	$2a + b$	$3a + b$
$2a$	b	$3a$

Foundation tier 5

b

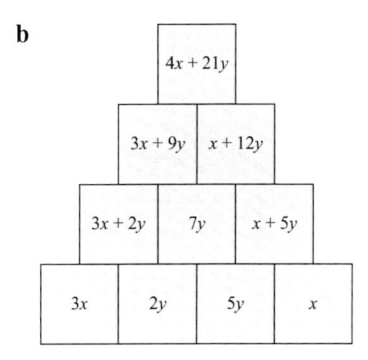

```
            [ 4x + 21y ]
         [ 3x + 9y ][ x + 12y ]
      [ 3x + 2y ][ 7y ][ x + 5y ]
   [ 3x ][ 2y ][ 5y ][ x ]
```

c

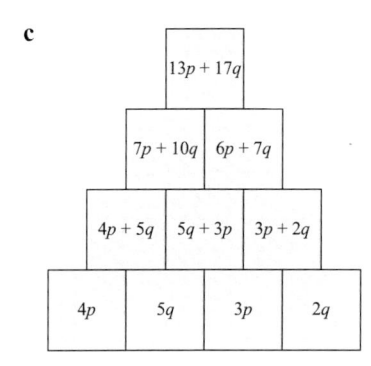

```
            [ 13p + 17q ]
         [ 7p + 10q ][ 6p + 7q ]
      [ 4p + 5q ][ 5q + 3p ][ 3p + 2q ]
   [ 4p ][ 5q ][ 3p ][ 2q ]
```

E

1. $-3b$
2. $5x$
3. $-2y$
4. $9q - 3p$
5. $6b - 2a$
6. $8x + 2$
7. $3 - 3c$
8. $6 - 2m$
9. $9f + 4$
10. $15a^2$
11. $3x^2$
12. $8ab$
13. $6xy + 3x$
14. $12mn + 4$
15. $6p^2 - p$
16. $9m^2 - 3m$
17. $5a + ab + b$
18. $7a^2 + 2ab$
19. **a** $2pq + 5$ **b** $6pq + 8p + 7$ **c** $2pq + 8p + 9$
20. $3a^2 + 3a + 9ab$

page 27 **Task 4.4**

M

1. $9a$
2. $8b$
3. $21m$
4. $35n$
5. $48y$
6. $6x$
7. $9y$
8. $6a$
9. $3b$
10. $40m$
11. n^2
12. y^2
13. $6a^2$
14. $9f^2$
15. $7q^2$
16. $6y^2$
17. $15b^2$
18. $32mp$
19. $45ab$
20. $100a^2$

E

1. F
2. F
3. T
4. F
5. T
6. T
7. F
8. T
9. T
10. $-24ab$
11. $6mp$
12. $2a$
13. $-3x$
14. $10a^2$
15. $36fg$
16. $-21pq$
17. $-32ac$
18. $-3a^2$
19. $-66y$
20. $-18b^2$
21. $21a^2$

page 27 **Task 4.5**

M

1. $3a + 12$
2. $a^2 + ab$
3. $5m + 10$
4. $4x - 12$
5. $6a - 48$
6. $6y + 10$
7. $18m - 36$
8. $3x + 3y$
9. $12a - 6b$
10. $5m + 15p$
11. $14x + 35$
12. $12p - 16q$
13. $ab + ac$
14. $x^2 - xy$
15. $m^2 - 3mp$
16. $2cd + c$
17. $2p^2 + 2pq$
18. $10a + 5b$
19. $4ab - a$
20. $m^2 + 8mp$

E

1. $-4x - 28$
2. $-18b + 6$
3. $-3a - 6$
4. $-6b + 24$
5. $-5x + 15$
6. $-6m + 8$
7. $-ab + ac$
8. $-2m + mp$
9. $-xy - yz$
10. $-x^2 - 3xy$
11. $-a + b$
12. $-p - q$
13. $-2ab + 3b$
14. $-5fg - 2hf$
15. $-q^2 + 8qr$
16. $9a^2 + 12ab$
17. $-32x^2 + 24xy$

page 28 **Task 4.6**

M

1. $7a + 21$
2. $26x + 15$
3. $3a + 19$
4. $6m + 15$
5. $8x + 30$
6. $8y + 26$
7. $22b + 36$
8. $25a + 42$
9. $7x + 20$
10. $13p + 21$
11. $24m + 33$
12. $25a + 6$
13. $28y + 8$
14. $5n + 12x + 27$
15. $31b + 30$
16. $34c + 25$

E

1. $10a + 4$
2. $13x + 51$
3. $2a + 14$
4. $7m + 3$
5. $12x + 48$
6. $15p + 31$
7. $12y + 18$
8. 42
9. $2a + 21$
10. $3x + 1$
11. $26n + 43$
12. $32q + 31$

page 29 **Task 4.7**

M

1. **a** $x^2 + 7x + 10$ **b** $x^2 + 10x + 21$
   c $x^2 + 10x + 16$
2. $x^2 + 10x + 24$
3. $m^2 + 12m + 35$
4. $y^2 + 14y + 40$
5. $n^2 + 13n + 42$
6. $a^2 + 11a + 18$
7. $x^2 + 15x + 36$
8. $x^2 + 8x + 16$
9. $x^2 + 12x + 36$
10. $x^2 + 14x + 49$
11. $x^2 + 2x + 1$

6 Foundation tier

E
1. a $x^2 - 2x - 15$ b $y^2 - 8y + 16$
   c $n^2 - 3n - 40$
2. $x^2 - 2x - 24$ 3. $a^2 - 11a + 30$
4. $y^2 - 10y + 21$ 5. $n^2 - 5n - 36$
6. $m^2 + m - 42$ 7. $b^2 - 3b - 40$
8. $a^2 - 16a + 64$ 9. $x^2 - 7x + 11$
10. $f^2 + 3f - 70$ 11. $n^2 - 10n + 25$
12. $y^2 - 14y + 49$ 13. $a^2 - 4a + 4$
14. $x^2 + 11x + 28$ 15. $p^2 - 6p + 9$
16. $-m^2 + 6m + 16$

E
1. 45   2. 15   3. 16   4. 18   5. 15
6. 56   7. 21   8. 72   9. £15 10. 368 g
11. 48 12. 700 g 13. £224

page 30   Task 4.8

M
1. 3   2. 1   3. 3
4. $3a$ 5. $4y + 7$ 6. $5x - 3$
7. $2(3x + 5)$ 8. $4(2a + 3)$ 9. $10(p - 4)$
10. $5(4y - 5)$ 11. $3(4m + 3)$ 12. $12(3b - 1)$
13. $3(3x + 2y)$ 14. $4(4a + 3b)$ 15. $4(6m - 5p)$
16. $5(9f + 7g)$ 17. $3(7a - 5b)$ 18. $10(3x - 5y)$
19. $2(4p + 3q - 5r)$ 20. $5(3x - 6y - 4z)$
21. $7(5a - 3b + 7c)$

page 32   Task 5.2

M
1. $2\frac{2}{3}$ 2. $1\frac{1}{6}$ 3. $2\frac{4}{5}$ 4. $1\frac{3}{5}$
5. $2\frac{1}{3}$ 6. $2\frac{1}{8}$ 7. $4\frac{1}{2}$ 8. $4\frac{1}{3}$
9. $3\frac{4}{5}$ 10. $7\frac{3}{4}$ 11. $2\frac{7}{8}$ 12. $4\frac{4}{9}$

E
1. f 2. y 3. 5
4. 7   5. f 6. $2a + 9c$
7. $y(x + z)$ 8. $a(a - 6)$ 9. $b(b + 4)$
10. $c(c + 9)$ 11. $p(m - q)$ 12. $3x(y + 3z)$
13. $5a(2b - 3c)$ 14. $3w(6z - 5y)$ 15. $3f(4g + 7)$
16. $2a(2a - 3)$ 17. $5p(p - 6q)$ 18. $6m(3p + 5)$
19. $4q(2p - 5q)$ 20. $4y(4xz - 7y)$
21. $11a(3a + 5bc)$

E
1. $\frac{7}{5}$ 2. $\frac{21}{8}$ 3. $\frac{23}{6}$ 4. $\frac{19}{5}$
5. $\frac{14}{3}$ 6. $\frac{23}{4}$ 7. $\frac{23}{8}$ 8. $\frac{29}{6}$
9. $\frac{16}{5}$ 10. $\frac{39}{4}$ 11. $\frac{26}{3}$ 12. $\frac{75}{8}$
13. $5\frac{7}{8}$ 14. $8\frac{3}{4}$ 15. $5\frac{1}{5}$ 16. $1\frac{7}{8}$
17. $\frac{20}{3}$ 18. $\frac{15}{7}$ 19. $\frac{59}{6}$ 20. $3\frac{2}{7}$
21. $9\frac{1}{9}$ 22. 3   23. $\frac{43}{9}$ 24. $\frac{53}{8}$

page 33   Task 5.3

M
1. $\frac{3}{4}$ 2. $\frac{1}{9}$ 3. $\frac{3}{11}$ 4. $\frac{11}{20}$
5. $\frac{5}{7}$ 6. $\frac{8}{9}$ 7. a $\frac{37}{56}$ b $\frac{7}{12}$ c $\frac{43}{90}$
8. part a   9. c   10. $\frac{13}{30}$ 11. $\frac{3}{20}$
12. a $7\frac{1}{6}$ b $6\frac{1}{2}$ c $8\frac{9}{20}$ d $7\frac{17}{24}$
13. $8\frac{11}{12}$ km   14. b   15. $\frac{13}{20}$

page 31   Task 5.1

M
2. a 3   b 8   c 10   d 50
3. a 2   b 5   c 9   d 20   4. 7   5. 12
6. 21   7. 30   8. 12   9. 45   10. a $\frac{1}{3}$ b $\frac{2}{3}$
11. a $\frac{16}{41}$ b $\frac{25}{41}$ 12. $\frac{1}{4}$
13. a $\frac{1}{6}$ b $\frac{1}{3}$ c $\frac{3}{4}$ d $\frac{5}{6}$ e $\frac{17}{60}$ f $\frac{3}{5}$

E
1. $\frac{1}{6}$ 2. $\frac{1}{15}$ 3. $\frac{3}{8}$ 4. $\frac{2}{5}$
5. $\frac{1}{32}$ 6. $\frac{1}{42}$ 7. $\frac{1}{14}$ 8. $\frac{2}{15}$
9. $4\frac{1}{2}$ 10. $3\frac{1}{3}$ 11. $6\frac{1}{4}$ 12. 4
13. a 30 m²   b $21\frac{3}{4}$ m²   c $38\frac{1}{2}$ m²
14. 20   15. 18   16. $\frac{4}{7}$ 17. $1\frac{1}{2}$

18. $\frac{8}{9}$ **19.** $\frac{9}{14}$ **20.** $\frac{9}{44}$ **21.** $\frac{3}{5}$

22. A→P, B→S, C→Q,   **23.** 4

page 35   Task 6.1
M
1. 73%   2. 55%   3. 32%
4. a 42%   b 58%   5. 47%

E
1. a $\frac{17}{100}$ b $\frac{1}{5}$ c $\frac{29}{100}$ d $\frac{3}{25}$ e $\frac{1}{4}$
   f $\frac{3}{5}$ g $\frac{6}{25}$ h $\frac{7}{20}$ i $\frac{22}{25}$ j $\frac{8}{25}$
   k $\frac{9}{100}$ l $\frac{19}{20}$ 2. $\frac{1}{50}$
3. a 70%   b 40%   c 12%   d 76%
   e 65%   f 32%   4. 85%

page 36   Task 6.2
M
1. 95%   2. a 36%   b 64%
3. a 38%   b 55%   c 60%   4. 80%
5. a 30%   b 24%   c 8%   d 18%

E
1. 65%   2. 22%   3. 53%   4. Tamsin by 2%
5. a 9%   b 53%   c 2%   d 5%   6. 1·67%

page 38   Task 6.3
M
1. a 15   b 6   c 11   d 30   e 9
2. a 5   b 9   c 30   d 18   e 25
3. a 8   b 40   c 28   d 6   e 18
4. a 6   b 21   c 45   d 10·5   e 1·5
5. 126   6. £13   7. a

E
1. a 7   b 2·5   c 0·87   d 4·6   e 0·06
2. a 12   b 36   c 14   d 3   e 0·2
3. a 70   b 56   c 8·4   d 119   e 1·4
4. 27   5. a   6. 368
7. a £3·15   b £15·39   c £6·87   d £3·98

page 39   Task 6.4
M
1. a £44   b £56   c £30   d £49
2. £357   3. £992
4. a £560   b £360   c £51
5. £23 280   6. £940   7. a £63   b £423

E
1. a £67·90   b £69·36   c £142·56   d £99·68
2. £14 570   3. £7·02   4. 46p
5. £103·40   6. £528·75
7. a £148·05   b £1022·25   c £258·50   d £39·95
8. a £799   b £639·20

page 40   Task 6.5
M
1. a 0·47   b 0·21   c 0·8   d 0·36   e 0·04   f 0·07
2. a 59%   b 23%   c 3%   d 30%   e 20%   f 18%
3. $\frac{2}{5}$, 0·4, 40%; $\frac{9}{100}$, 0·09, 9%; $\frac{1}{4}$, 0·25, 25%;
   $\frac{7}{10}$, 0·7, 70%; $\frac{3}{4}$, 0·75, 75%

E
1. 15%   2. 40%   3. 30%
4. a 43% inc.   b 16% Loss   c 95% inc.
5. $33\frac{1}{3}$%   6. 20%   7. 26%   8. Joe by 1·6%

page 41   Task 6.6
1. £8820   2. £14 520   3. a £405   b £303·75
4. a £289   b 245·65
5. a £5724·50   b £4007·15   c £24 500·86
   d £1030·41
6. b by £4·10

E
1. £1687·30   2. a 1·08   b £822·82

3.
End of year	Population
2002	2964
2003	3379
2004	3852
2005	4391
2006	5006

4. 0·79

5. a £19 081·22   b £7798
6. a £201 977   b 310 766·65   c 952 749·83

8 Foundation tier

page 42 **Task 6.7**

1. a 7:4 b 5:2   2. a 3:2 b 3:1
4. 2:1 5. 7:3 6. 16 7. 15
8. a 4:5 b 3:4 c 2:5 d 7:3
   e 8:7 f 4:3:7 g 1:8 h 1:12

E
1. 57p 2. £1·26 3. £54 4. £49
5. £2075 6. £41·93 7. £193·20 8. 825 g
9. 550 g cheese, 10 toms., 20 pineapple chunks, $1\frac{1}{4}$ cucumbers
10. 144 g butter, 60 g sugar, 210 g flour

page 44 **Task 6.8**

M
1. a £30:£120 b £36:£24 c 14 g:35 g
   d 60:36 e £540:£90:£270 f 20 *l*, 25 *l*, 30 *l*
2. Todd 9, Claire 21 3. Carl £10 000, Rachel £2000
4. *p* 210°, *q* 60°, *r* 90° 5. 25 000

E
1. 15 2. a 28 *l* b 10 *l* c 56 yellow, 16 blue
3. £1320 4. a 84 *ml* b 10·3 *ml*
5. S £18 000, J £45 000 6. 99 7. 175 8. 252

page 45 **Task 8.1**

M
1. C, E 2. Q, T 3. A, E
4. a I, K b C, L c G, N d H, M

page 47 **Task 8.2**

M
1. a HELP ME OUT
   b (3, 1)(3, 4)(1, 0)(3, 1)(4, 3)(0, 4)(1, 3)(3, 4)

E
Note. In question 2 the 7th point is (2, −1) not (−2, −1). Apologies for the error.

page 49 **Task 8.3**

M
1. a 3R1U b 3R1U c 2L1D d 3D
   e 1L4D f 1L4D g 4R1U h 4U
2. f 1L4U g 5R3U

E
1. a $\begin{pmatrix} 3 \\ 2 \end{pmatrix}$ b $\begin{pmatrix} 2 \\ 3 \end{pmatrix}$ c $\begin{pmatrix} 2 \\ -1 \end{pmatrix}$ d $\begin{pmatrix} 3 \\ 0 \end{pmatrix}$
   e $\begin{pmatrix} 4 \\ -4 \end{pmatrix}$ f $\begin{pmatrix} -3 \\ 1 \end{pmatrix}$ g $\begin{pmatrix} 0 \\ 5 \end{pmatrix}$ h $\begin{pmatrix} -3 \\ -1 \end{pmatrix}$
   i $\begin{pmatrix} 5 \\ 4 \end{pmatrix}$ j $\begin{pmatrix} 2 \\ 5 \end{pmatrix}$ 2. e $\begin{pmatrix} 3 \\ -2 \end{pmatrix}$

page 50 **Task 8.4**

E
1. *x* = −1
2. a *x* axis b *x* = −1 c *x* = 2 d *y* = $1\frac{1}{2}$ e *y* = −1

page 52 **Task 8.5**

M
9. a (3, 4) b (7, 4) c (4, 4)

E
1. a 90° Clockwise centre (0, 0)
   b 90° Anticlockwise centre (3, −1)
   c 90° Clockwise centre (1, −1)
2. g 90° Clockwise rotation centre (−3, 1)

page 54 **Task 8.6**

M
7. a 3 b Not an Enl.

E
4. Scale factor 2, centre (1, 5)
5. Scale factor 3, centre (−4, 5)

page 56 **Task 8.7**

M
3. a 90° anticlockwise centre (4, 3)
   b $\begin{pmatrix} 1 \\ -3 \end{pmatrix}$ c 90° clockwise centre (6, 2)

E
1. a Rotation 90° anticlockwise, centre (0, 0)
   b Reflection in *x* axis

c translation $\begin{pmatrix} 3 \\ 2 \end{pmatrix}$
d enlargement S.F. 3, centre (0, 0)
e Reflection in $x = -1$ **g** Translation $\begin{pmatrix} -4 \\ -5 \end{pmatrix}$

page 57   Task 9.1

1. **a** 11·8 **b** 7·82 **c** 7·3 **d** 4·68 **e** 5·6 **f** 43·99
   g 61·24 **h** 70·33   **2.** A, B, D   **3.** B
4. **a** 6·17 **b** 9·03 **c** 33·8 **d** 13·6 **e** 32·91 **f** 14·2

E
1. **a** £5·19 **b** £7·36 **c** £1·79 **d** £3·28 **e** £11·92
3. £164·56   **4.** B   **5.** 14·99 km
6. **a** 133·14 **b** 76·88 **c** 24·53 **d** 2·757
7. 42·23 cm   **8.** 28·52   **9.** 3·82 secs

page 59   Task 9.2

M
1. **a** 741·8 **b** 63 **c** 89·4 **d** 5234 **e** 5290 **f** 40
   g 71·64 **h** 8200
2. **a** 10 **b** 100 **c** 0·036 **d** 0·0146 **e** 1000 **f** 0·02
3. **a** 0·6 **b** 0·29 **c** 0·04 **d** 1·3 **e** 0·071 **f** 0·48
   g 6·31 **h** 0·08
4. **a** 0·1 **b** 0·01 **c** 0·01 **d** 0·01 **e** 6 **f** 34

E
1. **a** T **b** T **c** T **d** T
2. **a** 2·1 **b** 0·35 **c** 0·27 **d** 0·054 **e** 0·56 **f** 0·16
3. **a** £5·28 **b** £14·56   **c** £57·04
4. £13·12   **5.** 343·5 kg   **6.** A
7. **a** 2·36 **b** 1·82 **c** 1·02 **d** 0·085 **e** 0·104 **f** 2·259
8. €25·2

page 60   Task 9.3

M
1. **a** 6·2 **b** 2·14 **c** 8·05 **d** 5·6 **e** 9·5 **f** 1·625
2. **a** 2·38 **b** 5·75 **c** 13·75 **d** 1·125
3. £15·65   **4.** £1·08
5. **a** 1·9 **b** 6·14 **c** 5·24 **d** 8·62 **e** 0·69 **f** 0·026
6. Multipack by 6p per tin

E
1. **a** 33 **b** 58·4 ÷ 2 = 29·2   **c** 710 ÷ 2 = 355
   d 1560 ÷ 2 = 780
2. **a** 4·5 **b** 34 **c** 5·6 **d** 0·48 **e** 4·3 **f** 6·3   **3.** 24
4. **a** 2·48→124→155   **b** 5·8→29→72·5
   c 9·7→5·82→19·4

page 61   Task 9.4

M
1. **a, d, e, f, i**
2. 6550, 6508, 6878, 6500, 7143, 7338   **3.** 10 750
4. **a** 8 **b** 15 **c** 1 **d** 52 **e** 15   **5.** 74 500

E
1. **a** 3 kg **b** 4 kg **c** 8 kg **d** 4 kg **e** 16 kg
2. **a** 3 **b** 6 **c** 13 **d** 38 **e** 1 **f** 68
3. **a** 15 **b** 15 **c** 15 **d** 17
4. **a** 3 **b** 3600 **c** 8 **d** 3600 **e** 10 000
   f 290 **g** 8000 **h** 5

page 62   Task 9.5

M
1. **b, c, e, f**   **2. a** 4·81 **b** 0·36 **c** 28·19 **d** 5·65
3. 6·742, 6.735 12, 6.738
4. **a** 11·2 **b** 2·09 **c** 9·2 **d** 0·15 **e** 16·981
   f 5·39 **g** 13·469 **h** 0·175
1. **a, c**   **2.** 45 cm²   **3.** £180   **4.** £600
5. A→R, B→T, C→S, D→P, E→Q

page 63   Task 9.6

1. **a** 3 **b** 23·62 **c** 137·7 **d** 5·58 **e** 11·5 **f** 6·9169
2. **a** £16·60 **b** £34·20 **c** £13·56   **d** £4·80
   e £91·20 **f** £37·80   **3. a** 4 **b** 2 **c** 0·2 **d** 3·75
4. A→R, B→U, C→S, D→P, E→Q, F→T

E
1. **a** $\frac{3}{4}$ **b** $\frac{13}{15}$ **c** $4\frac{2}{3}$
2. **a** $\frac{2}{15}$ **b** $1\frac{1}{3}$ **c** $3\frac{33}{35}$ **d** $2\frac{5}{11}$
3. **a** 11·56 **b** 0·7 **c** 3·7 **d** 256
   e 512 **f** 6·2 **g** 1024 **h** 9
4. **a** 0·4 **b** 0·55 **c** 0·95
   d 3·25 **e** 2·1 **f** 5·7
5. **a** 3·51 **b** 32·63 **c** 55·36
   d 12·08 **e** 5·58 **f** 4·14

page 65   Task 9.7

M
1. **a** 3·17 **b** 5·62 **c** 41·7 **d** 0·147
   e 16·6 **f** 61 700 **g** 26 400 **h** 318
2. 37 169, 37 212, 37 241   **3. a, c, d**
4. **a** 17·3 **b** 240 **c** 280 **d** 213
   e 35·4 **f** 84 000 **g** 80 **h** 0·55

10 Foundation tier

E
1. a 70   b 4   c 400   d 10   e 5   f £3000
    g £60 000   h £3000   i 5
2. a 384   b 27   c 1036·8
3. a 486   b 714·42   c 71·442
4. a 37 107   b 63   c 589

page 66   Task 10.1

M
1. e $(1, -2)$
2. a $y = 1$ b $x = 1$ c $x = -2$ d $y = -3$

E
1. $(0, 1)(1, 3)(3, 7)$ 2. $(0, 4)(1, 3)(2, 2)(3, 1)$
3. $(0, 0)(1, 4)(2, 8)(3, 12)(4, 16)$
4. $(-1, -6)(0 -4)(1, -2)(2, 0)(3, 2)$
5. $(-2, -5)(-1, -2)(0, 1)(1, 4)$
6. $(-3, -3)(-2, -1)(-1, 1)(0, 3)(1, 5)(2, 7)(3, 9)$

page 68   Task 10.2

M
1. a 9   b 11   c 5   d 3   e 12
2. $(-3, 11)(-2, 6)(-1, 3)(0, 2)(1, 3)(2, 6)(3, 11)$
3. $(-3, 8)(-2, 3)(-1, 0) (0, -1)(1, 0)(2, 3)(3, 8)$
4. $(-2, 16)(-1, 4)(0, 0)(1, 4)(2, 16)$

E
1.

x	-3	-2	-1	0	1	2	3
x^2	9	4	1	0	1	4	9
$+3x$	-9	-6	-3	0	3	6	9
y	0	-2	-2	0	4	10	18

2.

x	-3	-2	-1	0	1	2	3
x^2	9	4	1	0	1	4	9
$+2x$	-6	-4	-2	0	2	4	6
-5	-5	-5	-5	-5	-5	-5	-5
y	-2	-5	-6	-5	-2	3	10

3.

x	-3	-2	-1	0	1	2	3
x^3	-27	-8	-1	0	1	8	27
$+2x$	-6	-4	-2	0	2	4	6
y	-33	-12	-3	0	3	12	33

page 69   Task 10.3

M
1. b 6   c 2   2. b $(0, 4)(6, 0)$

E
1. a $x = 4, y = 2$ b $x = 6, y = 6$ c $x = 2, y = 4$
2. d $x = 3, y = 2$ 3. $x = 1, y = 3$

page 70   Task 10.4

M
1. 2   2. 1   3. A $\frac{1}{2}$ B $\frac{1}{3}$ C 1   D 4   E 3
4. a 2   b 3   c $1\frac{1}{2}$ d $1\frac{2}{3}$

E
1. A -3 B -1 C -2 D 2   E $-\frac{1}{4}$ F $-\frac{1}{2}$
2. a -2 b -1 c $-\frac{1}{2}$ d $-\frac{3}{4}$
3. a -20 b -5 4. $y = 4x + 1, y = 5 + 4x$
5. a 3   b 8   c $\frac{1}{3}$ d -4 e 1

page 72   Task 10.5

M
1. a 2000   b 3000   c 5000
    d 1500   e 12 noon to 12:30 pm
2. a 29 °C   b 12·5 °C   c 2:36 pm   d 2:48 pm
    e 1:30 pm   f 20°C

E
1. a 15 km   b 45 mins   c 60 km/h   d 70 km/h
2. a 110 km   b 09·15   c 08·45   d 20 km/h
    e 100 km/h

page 74   Task 11.1

M
1. a likely   b even chance   c certain
    d unlikely   e even chance

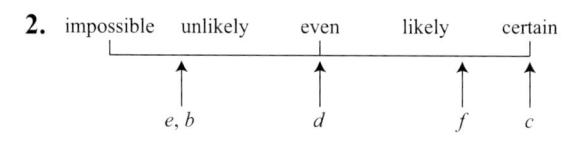

2. impossible   unlikely   even   likely   certain
    e, b   d   f   c

E
1. a 30   b $\frac{72}{180}$ c No   2. a $\frac{58}{120}$ b Yes
3. a 30
    b $1 - 0·1125, 2 - 0·1, 3 - 0·15, 4 - 0·1125,$
      $5 - 0·125 \; 6 - 0·1125, 7 - 0·1375, 8 - 0·15$

page 76 **Task 11.2**

M

1. a $\frac{1}{15}$ b $\frac{2}{15}$ c $\frac{1}{5}$ d $\frac{2}{15}$ 2. a $\frac{4}{13}$ b $\frac{11}{13}$ c $\frac{6}{13}$
3. a $\frac{3}{10}$ b $\frac{2}{3}$ 4. a $\frac{1}{6}$ b $\frac{3}{8}$ c $\frac{11}{24}$
5. a $\frac{1}{5}$ b $\frac{4}{5}$ c 0 d $\frac{1}{2}$

E

1. 24 2. a 20 b 20 c 40 d 40 3. 64 4. 28
5. 4 6. a 7 b 35 c 63 7. a $\frac{3}{5}$ b 6 c 9

page 77 **Task 11.3**

M

1. CT, CA, MT, MA
2. a (1, 2)(1, 4)(1, 9)(1, 12)(8, 2)(8, 4)(8, 9) b 12
   (8,12)(27, 2)(27, 4)(27,9)(27, 12)
3. BBB, GGG, BBG, BGB, GBB, GGB, BGG, GBG
4. AK, AJ, AT, KJ, KT, JT
5. a

×	1	2	3	4
1	1	2	3	4
2	2	4	6	8
3	3	6	9	12
4	4	8	12	16

b $\frac{3}{16}$

E

1. 0·8 2. $\frac{3}{4}$ 3. a 0·7 b 0·2 4. $\frac{10}{13}$
5. 0·85 6. a 0·15 b 0·4 c 8

page 79 **Task 12.1**

M

1. 17, 20; add 3   2. 56, 68; add 12
3. 24, 19; subtract 5
4. 13, 18; add 1 more than the time before
5. 25, 16; subtract 9
6. 60, 85; add 5 more than the time before
7. −13, −19; subtract 6 8. −10, −16; subtract 6
9. a 7, 15, 23, 31, 39   b 61, 54, 47, 40, 33
   c 19, 14, 9, 4, −1

10. 16, 10 11. 19, 33 12. −1, 3 13. 26, 2
14. a 18   b 22   15. a 15   b 21

E

1. 48, 96   2. 5, 2·5   3. 324, 972
4. 1·7, 0·9 5. 0·3, 0·03 6. −16, −32
7. 290   8. a 81   b 121
9. 26, 37   10. 24, 35   11. 32, 46
12. 38, 52 13. 1024   14. 31, 63

page 81 **Task 12.2**

M

1. a Times 4   b Subtract 8   c Subtract 2·5
   d Times 3, subtract 1   2. 3, 5, 7, 9, 11
3. a 8, 11, 14, 17, 20   b 3, 7, 11, 15, 19
   c 9, 11, 13, 15, 17
4. 2, 6; 3, 9; $3n + 2$ 5. a $5n − 3$ b $4n + 3$
6. A→R, B→Q, C→S, D→P
7. a $3n + 4$ b $7n + 2$ c $9n − 18$ d $8n − 2$
   e $34 − 4n$ f $23 − 5n$ g $4n + 4$ h $25 − 3n$

E

1. b 16   c 1, 10; 2, 12; 3, 14; 4, 16
   d $w = 2n + 8$ e 108
2. b

n	1	2	3
s	8	15	22

c $s = 7n + 1$ d 281

3. b

n	1	2	3
s	10	18	26

c $s = 8n + 2$ d 322

page 83 **Task 12.3**

M

1. a 5   b 7   c 9   d 16 e 31 f 28 g 42
   h 23 i 15 j 52 k 77 l 15   2. 39
3. a 5   b 4   c 7   d 35 e 15 f 8   g 60
   h 28 i 40 j 6   k 62 l 6   4. 18

E

1. a −2   b −2   c −2   d −3   e −8   f −2
   g −0·8 h 4   i −7   j −12 k −25 l −21
2. −5   3. $4\frac{1}{2}$
4. a $\frac{1}{2}$ b $\frac{5}{2}$ c $\frac{7}{3}$ d $\frac{4}{5}$
   e $-\frac{3}{2}$ f $\frac{7}{5}$ g $-\frac{4}{7}$ h $-\frac{11}{3}$

12   Foundation tier

page 84   **Task 12.4**

M
1. $n = 6$ 2. $5n = 20, n = 4$ 3. $4x = 8, x = 2$ 4. 4
5. 3   6. 2   7. 5   8. 3   9. 4   10. 3
11. 5   12. 9   13. 7   14. 6   15. 7   16. 7
17. 9   18. 7   19. 10   20. 8   21. 7   22. 4

E
1. $n = \frac{2}{3}$ 2. $5n = 3, n = \frac{3}{5}$ 3. $-8 = 2n, -4 = n$
4. $\frac{3}{5}$ 5. $\frac{5}{2}$ 6. $\frac{3}{4}$ 7. $\frac{5}{8}$ 8. $\frac{7}{3}$ 9. $\frac{11}{2}$
10. $\frac{3}{4}$ 11. $\frac{7}{9}$ 12. 2·3   13. $\frac{1}{5}$ 14. $\frac{5}{7}$ 15. $-\frac{2}{3}$
16. $-\frac{2}{5}$ 17. $-\frac{1}{6}$ 18. -3 19. -4 20. $-\frac{3}{8}$

page 85   **Task 12.5**

M
1. $4n = 12, n = 3$ 2. $6n + 9 = 15, 6n = 6, n = 1$
3. $4n - 6 = 14, 4n = 20, n = 5$ 4. 4   5. 2
6. 11   7. 9   8. 8   9. 2   10. 3
11. 1   12. 10   13. 3   14. 5   15. 4
16. 5   17. 4   18. 7   19. 6

E
1. $2n + 10 = 11, 2n = 1, n = \frac{1}{2}$
2. $6n + 9 = 3, 6n = -6, n = -1$
3. $5x + 10 = 8, 5x = -2, x = -\frac{2}{5}$
4. $-\frac{3}{2}$ 5. $-\frac{4}{5}$ 6. $\frac{5}{6}$ 7. 0·3   8. $\frac{19}{4}$
9. -2 10. -3 11. -1 12. $-\frac{1}{6}$

page 86   **Task 12.6**

M
1. 7   2. 3   3. 5   4. 4   5. 9
6. -1 7. 3   8. 6   9. 5   10. 7
11. 7   12. 5   13. 16   14. 8   15. 2
16. 10   17. 9   18. 6   19. 9   20. 7

E
1. $3x = -2, x = -\frac{2}{3}$
2. $6x + 12 = 4x + 24, 2x = 12, x = 6$
3. $2n = -6, n = -3$ 4. $\frac{1}{3}$ 5. $\frac{4}{5}$ 6. 4
7. 7   8. -2 9. -1 10. 10   11. 3
12. 20   13. 12   14. 9   15. -7 16. 2

page 87   **Task 12.7**

M
1. 8   2. 9   3. 24   4. 48   5. 8   6. 50
7. **a** $6x = 180°$ **b** 30°   **c** 30°, 60°, 90°
8. **a** $9x + 6 = 60$ **b** 6
9. **a** $4x + 14 = 50$ **b** 9   **c** 16 cm × 9 cm
10. 56   11. 32   12. 15   13. 3   14. 25   15. 38

E
1. 3   2. 11   3. -12 4. -4 5. $\frac{17}{2}$
6. $\frac{1}{3}$ 7. 6   8. 7   9. -3 10. $\frac{4}{5}$
11. **a** $20x + 220 = 360$ **b** 7   **c** 81°, 105°, 79°, 95°
12. 7 cm   13. £18   14. **a** 4   **b** 37 cm
15. **a** 12 cm   **b** 135 cm^2

page 89   **Task 12.8**

M
1. 3·6   2. 9·2   3. 6·3

E
1. 4·78   2. **a** 5·65   **b** 9·20   **c** 6·70

page 90   **Task 13.1**

M
1. 2, 4, 6, 7, 12, 14, 14, 18, 19 → Median = 12
2. **a** 3   **b** 2, 6   3. The Saxo   4. 80
5. **a** 8   **b** 9   **c** 10   **d** 14
6. **a** 9   **b** 8   **c** 4, 8   **d** 12
7. **a** 6   **b** 6·5   **c** 9   **d** 7   8. 1·8   9. 25

E
1. **a** 48   **b** 40
   c median: 40 better represents 6 of the 7 marks.
2. **a** 9   **b** 9·1   **c** mode: 7 out of 10 scores were 9.
3. 1, 4, 7, 9, 14   4. 222   5. **a** 693 kg   **b** 61 kg
6. £29 200
7. Median. It is the salary of a person in the middle of the range of salaries.

page 92   **Task 13.2**

M
1. **a** 60   **b** 45   **c** 70   **d** 2004   **e** 2002, 2005
   f 28   **g** 30   **h** Hotley Alb. by 7 goals
3. **a** 26   **b** 33   **c** 38   **d** 1995   **e** 5   **f** 16

E
1. **a** £32 **b** £37 **2. b** 38 kg
3. **a** 174 cm, 36 cm **b** 175 cm, 33 cm
   c Tampton Trojans are slightly taller with a smaller spread of heights.

page 94 Task 13.3

M
1. **a** 90 **b** 4°
   c bus 120°, car 40°, tube 100°, foot 60°, bike 40°
2. Adventure 48°, comedy 144°, horror 56°, romance 16°, cartoon 96°
3. Blue 69°, green 24°, red 84°, yellow 123°, purple 12°, other 48°

E
1. **a** 100 **b** 75 **c** 125 **2. a** 40 **b** 24 **c** 96
3. **a** 144° **b** 54° **c** 126°
4. We do not know the number of students at each school.

page 96 Task 13.4

M
1. **a**

	drive	not drive	Total
Female	110	60	170
Male	180	50	230
Total	290	110	400

b 50

2. **a**

	paper	bottles	cans	Total
Boys	86	73	89	248
Girls	220	58	74	352
Total	306	131	163	600

b 220

3. **a**

	film on DVD	cinema	theatre	Total
Male	1	5	2	8
Female	6	4	2	12
Total	7	9	4	20

b 25%

4. **a**

	stay	college	leave	Total
Year 10	86	128	26	240
Year 11	120	109	31	260
Total	206	237	57	500

b 48% **c** 47·4%

page 97 Task 15.1

M
1. **a** 20 cm **b** 24 cm **c** 28 cm
2. Various. For example: 3 × 4, 2 × 5 etc.
3. **a** 8 cm **b** 9 cm **c** 10 cm **4.** 6 cm **5.** 6 cm

E
1. **a** a 10 cm, b 8 cm **b** 58 cm **2.** 44 cm
3. 36 cm **4.** 50 cm **5.** 9 cm

page 99 Task 15.2

M
1. 20 cm² **2.** 30 cm² **3.** 77 cm² **4.** 30 cm²
5. 16 cm² **6.** 27 cm² **7.** 6 cm² **8.** 52 cm²
9. 96 cm² **10.** 102 cm² **11.** 84 cm² **12.** 180 cm²
13. 320 cm²

E
1. 60 cm² **2.** 125 cm² **3.** 72 cm² **4.** 16 cm
5. 12 cm **6.** 460 cm²

page 101 Task 15.3

M
1. 23 cm **2.** 38 mm
3. **a** 37·7 cm **b** 18·8 m **c** 56·5 cm **d** 53·4 m
4. Triangle **5.** A

E
1. 41·1 cm **2.** 79·7 cm **3.** 17·9 cm **4.** 38·8 cm
5. 300·5 m **6.** 16·7 m **7.** 50 **8.** 1515 times

page 104 Task 15.4

M
1. 78·5 cm² **2.** 254·5 cm² **3.** 113·1 cm²
4. 804·2 cm² **5.** 380·1 m² **6.** the circle
7. 13·7 cm²

E
1. 226·2 cm² **2.** 22·9 cm² **3.** 1289·1 cm²
4. 103·7 cm² **5.** 84·1 cm² **6.** 50·4 cm²
7. 102·5 m²

page 104 Task 15.5

M
1. Front = 36 cm², back = 36 cm², top = 54 cm², bottom = 54 cm², side 1 = 24 cm²
   side 2 = 24 cm²; total = 228 cm²
2. 216 cm³ **3. a** A **b** 42 cm² **c** B **d** 70 cm³

14   Foundation tier

E
1. $7 \cdot 2 \, m^3$ 2. False   3. $5\,840\,000 \, cm^3$
4. **a** 540 000 litres   **b** 272 160 litres   5. 5 m
6. **a** $4\,000\,000 \, cm^3$ **b** $2\,900\,000 \, cm^3$ **c** $80\,000 \, cm^2$
   d $74\,800 \, cm^2$ **e** $6 \, m^3$ **f** 6000 litres
   g $600 \, m^2$ **h** 5160 litres   **i** $3 \cdot 8 \, m^2$
   j $47 \cdot 3 \, m^2$ **k** 12 640 litres   **l** $70\,000 \, cm^3$

page 105   Task 15.6

M
1. $270 \, cm^3$ 2. $360 \, m^3$ 3. $525 \, cm^2$
4. $800 \, cm^3$ 5. $4170 \, cm^3$ 6. $37 \, cm^2$

E
1. $1570 \cdot 8 \, cm^3$ 2. $2290 \cdot 2 \, cm^3$ 3. $364 \cdot 4 \, cm^3$
4. $7 \cdot 5$ litres   5. $1055 \cdot 6 \, cm^3$ 6. 10

page 107   Task 15.7

M
1. **b** 16 cm   2. 42 cm   3. 25 cm
4. 3 cm   5. **a** 10 cm   **b** 5 cm

E
1. Volume   2. length
3. **a** length   **b** area   **c** area   **d** volume
   e length   **f** area   **g** length   **h** volume
   i area   **j** length   **k** volume   **l** length
   m area   **n** area   **o** volume
4. $6a^3$, $\pi b^2 c$, $2ab^2$

page 109   Task 16.1

M
1. **b** no correlation   2. negative correlation

E
1. Various. For example: height and weight.
2. **b** positive   **d** 6·9 cm   **e** 194 cm
3. Could be, for example, value of a car.

page 110   Task 16.2

M
1. **a** 61 kg   **b** 61 kg   2. **a** 5   **b** 4
3. **a** 3   **b** 4   **c** girls

E
1. **a** 6 to 8   **b** 2 to 5
2. **a** $14\tfrac{1}{2}$ to $15\tfrac{1}{2}$ **b** 16 to $16\tfrac{1}{2}$
3. **a** Chetley Park 2 to 5, Wetton 6 to 9
   b Wetton: higher median number of visits.

page 112   Task 16.3

M
1. **a** 82   **b** 2·05   2. **a** 180   **b** 1·7

E
1. **a** 421·5   **b** 5
   c Assume that the number of meals is at the middle of each group.
2. **a** Batton City   **b** 44·3   **c** 4

page 113   Task 16.4

M
1. Baker median £5·75, range £1·95
   Butcher median £5·95, range £2·65
2. 8C mode 3, range 6; 8D mode 2, range 7

E
1. **a** mean 3·32 range 7   **b** mean 3·7 range 7
2. **a** 18·79   **b** 11
   c The 8 year-olds received more presents.

page 115   Task 17.1

M
1. 1·30   2. 6·15   3. 2·20
4. 6·45   5. 4·55   6. 3·35
7. **a** 14   **b** 22   **c** 36   **d** 48
   e 52   **f** 26   **g** 38
8. **a** 580   **b** 630   **c** 760
   d 54 *l*   **e** 160 g

E
1. **a** 1·2   **b** 2·4   **c** 3·6   **d** 4·4
   e 5·8   **f** 3·2   **g** 3·4
2. **a** 1·75 kg   **b** 0·18 kg   **c** 3·4 *l*   **d** 320 *ml*
3. **a** 6·25 kg   **b** 7·75 kg   **c** 15·4 *l*
   d 16·6 *l*   **e** 0·018 kg   **f** 0·032 kg

page 117 Task 17.2

M

1. a 300 b 120 c 580 d 364 e 70
2. a 4000 b 6500 c 3200 d 4718 e 900
3. a metres b tonnes c millimetres 4. No
5. a 6 b 4·5 c 5000 d 5300 e 7186
6. a 8000 b 9500 c 4600 d 4315 e 60
7. 440 *ml* 8. 2100 m

E

1. 1680 g 2. 2·863 km
3. a 260 cm b 382 cm c 4·7 m d 9 cm
   e 0·4 cm f 1·5 km g 3500 g h 0·6 kg
   i 280 g j 1900 kg k 0·62 *l* l 1 937 000
   m 8200 *ml* n 3260 *ml* o 0·043 4. 80
5. a 7·4 cm, 8 cm, 83 mm, 0·81 m
   b 0·7 kg, 738 g, 780 g, 0·79 kg
   c 57 m, 509 m, 0·6 km, 4·7 km, 5 km
   d 274 *ml*, 275 *ml*, 0·279 *l*, 0·28 *l*, 2·14 *l*

page 118 Task 17.3

M

1. a T b F c T d T e F f T 2. 10·05 pm
3. 10·50 4. 60 5. 1 hr 45 mins 6. yes

7.

	Bus 1	Bus 2	Bus 3	Bus 4	Bus 5
Bus Station	07:50	08:35	08:55	09:45	10:25
Cinema	07:59	08:44	09:04	09:54	10:34
Town Hall	08:10	08:55	09:15	10:05	10:45
Cherry Hill	08:22	09:07	09:27	10:17	10:57
Train Station	08:35	09:20	09:40	10:30	11:10

E

1. a 60 b 96 c 64 d 57
2. a 24 b 40 c 28 d 22
3. a stones/pounds b inches c feet
4. 5 ft 5 ins. 5. 475 yds.
6. a 20 b 44 c 79 d 5280 e $4\frac{1}{2}$
   f 7 g 11 200 h 110 i 3360 j 70

page 119 Task 17.4

M

1. a 45 b 44 c 18 d 15 e 16
   f 75 g 540 h 6 i 7 j 315
2. Harry 3. yes 4. B

5. a 3 gals. b 12 km c 3 miles d 10 pounds
   e 700 cm f 35 *l* g 9 ins. h 1 m

E

1. a 23·35 cm b 23·45 cm 2. a 3·75 m b 3·85 m
3. 62·5 kg
4. $47·15 \leq l < 47·25$, $82·5 \text{ kg} \leq m < 83·5 \text{ kg}$,
   $7·25 \text{ m}^3 \leq V < 7·35 \text{ m}^3$, $6·865 \leq r < 6·875 \text{ m}$,
   $465 \text{ m}^2 \leq A < 475 \text{ m}^2$
5. a 3·45 cm b 4·75 cm c 8·366 cm^2
6. 193·375 cm^3

page 121 Task 17.5

M

1. a 20 m.p.h b 65 km/h
2. a 90 miles b 29 miles
3. a 4 hrs. b $2\frac{1}{2}$ hrs.

4.

Dist (km)	Time (hrs)	Speed (km/hr)
324	9	36
204	4	51
90	1·5	60
150	6	25
245	7	33
40	0·5	80

5. 12 km/h 6. 126 km 7. 141 km/h 8. 8·50 am

E

1. 9 g/cm^3 2. 480 g 3. 30 cm^3

4.

Density (g/cm^3)	Mass (g)	Volume cm^3
7	630 g	90
4	240	60
8	152	19
84	42	0·5
13	585	45
1·5	210	140

5. 21·23 g 6. 8·2 g/cm^3 7. steel by 0·5 cm^3
8. 35·52 kg 9. £171 10. £11 700

page 123 Task 18.1

M

1. $a - 4 = b$ 2. $y - 6 = x$ 3. $\frac{x}{4} = y$
4. $8a = b$ 5. $b = a + 10$ 6. $m = \frac{n}{5}$

16 Foundation tier

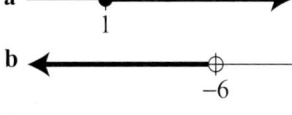

7. a $n = m - 9$ **b** $n = \frac{m}{4}$ **c** $n = 3m$
d $n = m + 10$ **8.** $y = 8x$, $\frac{y}{8} = x$; $8y = x$, $y = \frac{x}{8}$
9. b
10. a $n = \frac{m-5}{3}$ **b** $n = \frac{m+1}{7}$ **c** $n = 4(m+6)$

E
1. **a**, **c**, **d** are True.
2. a $n = \frac{m+f}{c}$ **b** $n = \frac{x-h}{g}$ **c** $n = \frac{y+2m}{a}$
3. a $x = \frac{y-ab}{a}$ **b** $t = \frac{3q+2p}{p}$
4. a $n = \frac{v-pm}{m}$ **b** $n = \frac{y-xf}{x}$ **c** $n = \frac{x+3h}{h}$
5. $n = \frac{3c+b}{a}$ **6.** $x = \frac{ab-c}{m}$ **7.** $b = \frac{ym-3c}{3}$

page 124 Task 18.2
M
1. a < **b** > **c** > **d** >
2. a F **b** T **c** F **d** T
3. $4.2, 4\frac{1}{4}, 4.06, 4\frac{1}{2}$
4. a $x > 6$ **b** $x \leqslant -3$ **c** $x < -1$
   d $2 \leqslant x \leqslant 6$ **e** $-2 < x \leqslant 3$ **f** $-4 < x < 0$

5. a ──●────────→ at 1
b ←────────○── at −6
c ●────────● from 4 to 9
d ○────────○ from −2 to 0
e ●────────○ from −3 to 2
f ○────────● from −5 to −1

E
1. $x > 6$ **2.** $x < -5$ **3.** $x \leqslant 11$
4. $x < 6$ **5.** $x \geqslant 3$ **6.** $x > 18$
7. $x > 5$ **8.** $x \leqslant 5$ **9.** $x < 6$
10. $x \geqslant 6$ **11.** $x > 7$ **12.** $x \leqslant 24$
13. 3 **14.** 2
15. a 4, 5, 6, 7 **b** 1, 2, 3, 4, 5 **c** −1
   d −3, −2, −1, 0, 1, 2, 3
   e −4, −3, −2, −1, 0
   f −5, −4, −3, −2, −1, 0

page 125 Task 18.3
M
1. a 5^7 **b** 6^2 **c** 3^5 **d** 9^6 **e** 2^8 **f** 4^8
   g 2^9 **h** 5^7 **i** 5^4
2. a 2^7 **b** 3^5 **c** 6^4 **d** 5^5 **e** 8 **f** 4^8
3. a F **b** F **c** T
4. a 3^3 **b** 5^2 **c** 9^3

E
1. a 4^6 **b** 2^9 **c** 7^8 **d** 5^{11} **e** 6^6 **f** 3^4
   g 4^{15} **h** 2^3 **i** 7^5 **2.** 1
3. a x^7 **b** y^9 **c** a^4 **d** m^4 **e** x^8 **f** 1
   g y^{15} **h** 1 **i** x^4
4. a F **b** F **c** F **d** T **e** T **f** F **5.** A
6. a n **b** x^3 **c** a^4 **d** 1 **e** m^2 **f** n^2
   g x^4 **h** m **i** x^3
7. a T **b** F **c** T **d** T

page 126 Task 18.4
1. a 3×10^3 **b** 7×10^4 **c** 3.4×10^2
   d 8.9×10^4 **e** 4.86×10^5 **f** 5.98×10^2
   g 9×10^6 **h** 7.6×10^7
2. a 4×10^{-3} **b** 7×10^{-4} **c** 9×10^{-1}
   d 1.8×10^{-3} **e** 5.28×10^{-1} **f** 1.9×10^{-5}
   g 3.4×10^{-3} **h** 8.17×10^{-6}
3. a 60 000 **b** 300 **c** 0.03 **d** 56 000
   e 240 000 **f** 0.0086 **g** 4160 **h** 0.768
5. 2.8×10^4
6. a 7×10^{-4} **b** 5.3×10^4 **c** 9.6×10^{-2}
   d 4.87×10^{-1} **e** 4.9×10^7 **f** 5.76×10^5
   g 7.4×10^{-4} **h** 8.24×10^1 **i** 1×10^{-1}
   j 8.64×10^{-7} **k** 6.18×10^6 **l** 4.2×10^7

E
1. a 2.8×10^{18} **b** 1.86×10^{40} **c** 2.4×10^{30}
   d 1.2×10^{28} **e** 3.8×10^{-18} **f** 5.81×10^{37}
2. 3.007×10^8 **3.** 7.48×10^{-20}
4. a 3.02×10^{36} **b** 6.94×10^{-57} **c** 1.57×10^{40}
   d 1.12×10^{24} **e** 1.29×10^{27} **f** 1.66×10^{40}
5. 8×10^9 cm^2
6. a 5×10^{15} **b** 6×10^9 **c** 7×10^5
   d 6.8×10^{-10} **e** 1.2×10^{20} **f** 3.6×10^{46}
   g 2×10^{15} **h** 3.5×10^{12} **i** 2×10^{37}
   j 1.6×10^{11} **k** 2.9×10^{28} **l** 5×10^{34}
7. 4.3×10^5 **8.** 4.11×10^6

page 128 Task 19.1

M
1. **a** 5·1 cm **b** 5·9 cm **c** 1·7 cm
   d 7·8 cm **e** 5·5 cm, 3·3 cm, 4·7 cm
   f 5·9 cm, 2·7 cm, 5·1 cm
2. (b) is larger by 1·8 cm
3. (a) is smaller by 0·3 cm

E
1. 57°   2. 56°   3. 40°
4. 120° 5. 33°   6. 125°
7. 55°   8. 115°/116° 9. 30°
10. **a** ac **b** ac **c** ac **d** ac
    e obt **f** obt **g** obt **h** ac

page 130 Task 19.2

M
2. 6·5/6·6 cm 3. 80° 4. 6·2 cm
5. 4·2 cm 6. 8·7 cm

E
1. 35° 2. 44° 3. 66°/67° 4. 50°/51° 5. 59°
6. **a** $x = 64°, y = 6·7$ **b** $x = 81°, y = 60°$

page 133 Task 19.4

M
4. **a** 21·9 m × 11 m **b** 8·1 m (or 16·2)
   c 5·4 cm **d** 65·6 m^2
5. **a** 50 km **b** 40 km **c** 35 km

E
1. 8 cm 2. 2 km
3. 7 cm → 4·2 m, 5 cm → 100 m, 8 cm → 4 km,
   3 cm → 3 km, 8 cm → 320 m, 2·5 cm → 125 km
4. 5 cm 5. 12 m 6. **a** 6 km **b** 5 km **c** 4 km

page 138 Task 20.1

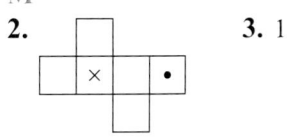

M
2.
3. 12 cm^3 4. B by 2 cm^3

E
1. A and C make tetrahedrons

page 141 Task 20.2

M
1. **a** 10 **b** 9   3. 6

page 143 Task 20.3

M
1. A 035°, B 105°, C 220°, D 340°
2. **a** 060° **b** 240° **c** 180° **d** 300° **e** 120°
3. **a** 115° **b** 150° **c** 220° **d** 295° **e** 330°

E
1. **a** 236° **b** 056°
2. **a** 065° **b** 130° **c** 165°
   d 310° **e** 245° **f** 345°
3. **b** 5·4 km   4. **b** 92 km

page 145 Task 20.4

M
1. **a** 7·81 **b** 5   2. 9·22   3. 10·72
4. **a** 4·47 **b** 10·30 **c** 18·57 **d** 5 **e** 14·42 **f** 8

E
1. 5·29 m   2. 23·71 inches   3. 48 m
4. 180·28 km   5. 4·47 cm   6. 270 cm^2
7. 17·49 m   8. **a** 8·49 cm   **b** 11·31 cm

page 147 Task 20.5

M
1. **a** (3, 3) **b** 7·21 cm   2. **a** 5   **b** $\left(3, 4\frac{1}{2}\right)$
3. **a** (4, 4) **b** (−4, 1) **c** (−1, −4)
4. **c** (5, 2) **d** (2, 0) **e** 4·47

E
1. B (0, 4, 0), C (9, 4, 0), D (9, 4, 5), E (0, 0, 5)
   F (9, 0, 0), G (9, 0, 5)
2. O (0, 0, 0), P (2, 0, 0), Q (2, 0, 2), R (0, 0, 2),
   S (0, 2, 2), T (0, 2, 0), U (2, 2, 0), V (2, 2, 2)
3. (4, 10, 4)
4. **a** P (−3, 6, 0), Q (5, 6, 0), R (5, 6, 7)
   S (−3, 6, 7), T (−3, 0, 0), U (5, 0, 0),
   V (5, 0, 7), W (−3, 0, 7)
   b (5, 3, 7)
   c $\left(-3, 6, 3\frac{1}{2}\right)$ **d** 10·6

Higher Tier Answers

page 1 Task M1.1
1. a 2   b 5   c 3   d 13   e $\frac{1}{2}$ f 1
2. £26   3. 12 624
4. a 0·24   b 0·035   c 4·97   d 1·2
   e 0·09   f 2·7   g 190   h 27
   i 0·972   j 0·000 008   k 200   l 72
5. 12   6. 44   7. $3\sqrt{36}$

page 1 Task M1.2
1. a $\frac{5}{9}$ b $\frac{1}{8}$ c 15   d $\frac{2}{3}$ e $1\frac{1}{3}$ f $1\frac{3}{4}$ g 6   h $4\frac{3}{8}$
2. $\frac{4}{7}$ 3. a $\frac{11}{12}$ b $\frac{11}{24}$ c $5\frac{1}{6}$ d $4\frac{11}{24}$
4. 20 mins.   5. $\frac{3}{40}$ mile
6. a $\frac{5}{7}$ b $1\frac{1}{6}$ c $2\frac{2}{3}$ 8. 96 cm²

page 2 Task M1.3
1. a 4   b 2   c $\frac{1}{5}$ d 3·75
2. A→R, B→U, C→S, D→P, E→Q, F→T
3. 112 $90 c   4. A   5. $1^9, 3^4, 5^3, 2^7, 4^4$
6. a 4·14   b 3·49   c 4·91
   d 4·64   e −0·894   f 0·0206

page 3 Task M1.4
1. a $\frac{7}{10}$ b $\frac{7}{20}$ c $\frac{7}{200}$ d $\frac{23}{25}$
   e $\frac{309}{500}$ f $\frac{637}{2000}$ g $\frac{713}{1000}$ h $\frac{5}{8}$
2. $\frac{3}{25}, \frac{3}{20}, \frac{45}{200}, \frac{1}{4}, \frac{3}{10}, \frac{5}{16}$
3. a $0·\dot{2}$ b $0·41\dot{6}$ c $0·\dot{8}\dot{3}$ d $0·\dot{3}8461\dot{5}$
   e $0·\dot{8}5714\dot{2}$
4. $0·1\dot{3}\dot{7}$

page 3 Task E1.1
1. $\frac{74}{99}$
2. a $\frac{7}{9}$ b $\frac{28}{99}$ c $\frac{64}{99}$ d $\frac{382}{999}$ e $\frac{52}{90}$ f $\frac{5628}{990}$
3. $\frac{715}{999}$

page 4 Task E1.2
1. a $3\sqrt{2}$ b $4\sqrt{2}$ c $6\sqrt{2}$ d $2\sqrt{5}$
   e $5\sqrt{5}$ f $2\sqrt{7}$ g $10\sqrt{3}$ h $3\sqrt{6}$
2. a $\sqrt{35}$ b $\sqrt{30}$ c 7   d 2
   e $\sqrt{2}$ f $\sqrt{6}$ g $18\sqrt{6}$ h $8\sqrt{10}$
   i 28   3. a only
4. a $2\sqrt{3}$ b $6\sqrt{5}$ c $2\sqrt{2}$ d $6\sqrt{2}$
   e $5\sqrt{6}$ f $7\sqrt{2}$ g $\sqrt{5}$ h 20
   i $120\sqrt{2}$ j $\sqrt{7}$ k $\sqrt{3}$ l $24\sqrt{3}$

page 4 Task E1.3
3. a $10 + 5\sqrt{3} + 2\sqrt{2} + \sqrt{6}$
   b $\sqrt{15} + \sqrt{6} + \sqrt{35} + \sqrt{14}$
   c $4 + 2\sqrt{6} - \sqrt{10} - \sqrt{15}$
   d 5   e $19 + 8\sqrt{3}$ f $12 - 2\sqrt{35}$
4. a $7 - 3\sqrt{3}$ cm²   b 14 cm
5. a $\frac{\sqrt{6}}{6}$ b $\frac{2\sqrt{3}}{3}$ c $\frac{\sqrt{21}}{7}$
   d $\frac{4\sqrt{15}}{3}$ e $\frac{\sqrt{15} - \sqrt{6}}{3}$ f $\frac{\sqrt{15} + \sqrt{5}}{5}$
6. a $4\sqrt{3}$ b $5\sqrt{3}$ c $3\sqrt{7}$ d $3\sqrt{6} - 9$
   e $\sqrt{2}$ f $10 - 4\sqrt{6}$ g $5\sqrt{3}$
   h $\sqrt{15} + \sqrt{10} - \sqrt{6} - 3$ i 3
   j $170 + 78\sqrt{3}$ k $4\sqrt{3} + 4\sqrt{15}$ l 3

page 5 Task M2.1
1. a £67·90   b £69·36   c £142·56   d £99·68
2. £14 570   3. £7·02   4. 46 p   5. £103·40
6. a 1·15   b 0·93   c 0·58   d 1·085
   e 0·76   f 1·175
7. a £148·05   b £1022·25   c £258·50
   d £39·95   8. £73·92   9. £168 350
10. a £799   b £639·20

page 6 Task M2.2
1. 15%   2. 40%   3. 30%
4. a 43% increase   b 16% decrease   c 95% increase
5. 20%   6. 25·7%   7. Joe by 1·6%
8. 52·1%   9. 9·1%

page 7 **Task M2.3**
1. £8820
2. a £405   b £303·75
3. a £5724·50   b £4007·15   c £24 500·86
   d £1030·41   4. B   5. a 1·08   b £822·82
6. a £19 081·22   b £7798·03
7. a £201 977   b £310 766·65   c £952 749·83
8. 10 years

page 8 **Task M2.4**
1. 1·8 m   2. £120   3. £1500   4. 80
5. a £31   b £56·80   c £96   d £52
6. £110   7. £420   8. £340   9. 160
10. Hobbs by 10p

page 8 **Task M2.5**
1. a 8 : 7   b 4 : 3 : 7   c 1 : 8   d 1 : 12   2. £193·20
3. a 550 g cheese, 10 tomatoes, 20 pineapple chunks, $1\frac{1}{4}$ cucumbers.
   b 144 g butter, 60 g caster sugar, 210 g flour
4. Todd 9, Claire 21
5. p 210°, q 60°, r 90°   6. 15
7. a 28 l b 10 l c 56 l yellow, 16 l blue
8. Simone £18 000, Julie £45 000   9. 175

page 9 **Task M2.6**
1. a 3^5 b 2^9 c 5^7 d 5^4 e 4^6 f 1
   i 3^3 h 6^6 i 7^5
2. a 3^5 b 6^4 c 5^5 d 8   e 4^8 f 7^4
3. a x^7 b x^8 c a^4 d 1   e x^4 f x^4
4. a F   b F   c F   d T   e T   f F
5. a 1   b m^2 c n^2 d x^4 e m f x^3
6. a T   b F   c T   d T
7. a $6a^7$ b $16b^4$ c $8x^6$ d $9m^2$ e $-36y^5$ f $16n^6$

page 10 **Task E2.1**
1. a $\frac{1}{4}$ b $\frac{1}{8}$ c $\frac{1}{36}$ d $\frac{1}{64}$
   e $\frac{1}{100}$ f $\frac{1}{125}$ g $\frac{1}{7}$ h $\frac{1}{64}$
2. a 4^{-2} b 3^{-4} c 2^{-5} d 8^{-3} 3. 5^{-2} 4. 3^{-3}
5. a T   b T   c F   d F   e T   f T
6. a x^6 b $25x^{-6}$ c $2m^{-1}$
7. a 3   b $\frac{7}{3}$ c $\frac{25}{9}$ d $\frac{49}{4}$

page 11 **Task E2.2**
1. a 5   b 4   c 1   d $\frac{1}{2}$ e $\frac{1}{2}$ f 2   g $\frac{1}{10}$ h 6
2. a $16^{\frac{1}{2}}$ b 16^0 c $16^{-\frac{1}{4}}$ d 16^{-1}
3. a x^3 b x^3 c x^2 d $5x^2$ e $2n^2$ f $3m^4$
   g $\frac{1}{3a^3}$ h $\frac{1}{4m^3}$ i $7ab^3$
4. a $\frac{1}{11}$ b $\frac{4}{5}$ c $\frac{8}{9}$ d $\frac{2}{3}$ e $\frac{2}{5}$ f $\frac{4}{3}$ g 6   h $\frac{10}{3}$

page 12 **Task E2.3**
1. a 64   b $\frac{1}{4}$ c $\frac{343}{125}$
2. a 216   b 125   c $\frac{1}{8}$ d 25   e $\frac{1}{100}$ f 27   g $\frac{1}{8}$ h $\frac{1}{16}$
3. a $8x^6$ b $9m^6$ c x^2 d $\frac{4y^4}{x^2}$ e $8a^6b^3$ f $16m^8n^6$
4. a $\frac{9}{4}$ b $\frac{8}{27}$ c $\frac{8}{125}$ d $\frac{16}{25}$
5. a T   b F   c T

page 12 **Task E2.4**
1. a 4   b 0   c -2 d -2 e -7 f -4
   g -1 h -3 i -3 2. a $\frac{1}{4}$ b -9
3. a $\frac{1}{2}$ b $\frac{2}{3}$ c $\frac{5}{4}$ d -2 e $-\frac{1}{2}$ f $-\frac{2}{3}$
   g $-\frac{4}{3}$ h $2\frac{1}{2}$ i $\frac{3}{2}$
4. $-\frac{5}{2}$ 5. a $-\frac{1}{3}$ b $\frac{4}{5}$ c $-\frac{4}{7}$ d $\frac{3}{2}$ e $-\frac{1}{2}$

page 13 **Task E2.5**
1. a T   b F   c F   d F   e T   f T
2. a $\frac{1}{9}$ b $\frac{1}{4}$ c 1   d $\frac{7}{2}$ e 64   f $\frac{2}{3}$ g $\frac{9}{25}$ h $\frac{11}{7}$
3. a $125a^6$ b $3m^3n^2$ c $4x^5$ 4. 6
5. a $8ab^7$ b $15m^3n^4$ 6. 2^9
7. a $\frac{1}{3}$ b $\frac{2}{3}$ c $-\frac{1}{2}$ d $-\frac{2}{3}$ e $-\frac{1}{4}$ f -2 8. 10

page 14 **Task M3.1**
1. $a = 53°$, $b = 45°$ 2. $c = 34°$, $d = 56°$
3. $e = 34°$ 4. $f = 69°$, $g = 69°$, $h = 111°$
5. $i = 52°$, $j = 52°$, $k = 52°$
6. $l = 72°$, $m = 54°$, $n = 54°$ 7. $o = 33°$, $p = 147°$
8. $q = 51°$ 9. a 60°   c 26°   10. a 66°

20   Higher tier

page 15   Task M3.2
1. $a = 107°$
2. $b = 39°$
3. $c = 47°, d = 47°$
4. $e = 110°, f = 70°, g = 110°$
5. $h = 124°, i = 124°, j = 56°, k = 143°$
6. $l = 86°, m = 94°, n = 54°, o = 54°$
7. $p = 115°, q = 115°, r = 65°, s = 115°$
8. $t = 86°, u = 64°, v = 30°$
9. **a** $62°$
10. **a** $63°$

page 16   Task M3.3
1. 3 triangles, $540°$
2. $1080°$
3. $2340°$
4. 4 triangles, $720°$, $637°$, $x = 83°$
5. a $20°$
6. b $53°$
7. c $115°$
8. $135°$

page 16   Task M3.4
1. $45°$
2. **a** $36°$ **b** $144°$
3. $140°$
4. **a** $20°$ **b** $15°$ **c** $8°$
5. **a** $160°$ **b** $165°$ **c** $172°$
6. 15
7. 20
8. 18
9. $75°$

page 17   Task M3.5
3. $a = 32°, b = 99°$
4. $c = 58°, d = 73°, e = 49°$
5. $f = 58°, g = 122°, h = 77°$
6. $i = 74°, j = 152°, k = 86°$
7. $l = 135°$
8. $m = 51°$

page 18   Task E3.1
1. $a = 39°$
2. $b = 31°$
3. $c = 17°$
4. $d = 64°$
5. $e = 52°$
6. $f = 75°, g = 40°, h = 65°$
7. $115°$
8. $j = 32°, k = 138°$
9. **a** $20°$ **b** $16°$ **c** $16°$ **d** $54°$ **e** $70°$
10. $45°$
11. $15°$
12. $25°$

page 19   Task E3.2
1. $a = 102°$
2. $b = 64°, c = 116°$
3. $d = 71°, e = 132°$
4. $f = 53°, g = 78°$
5. $h = 124°, i = 124°$
6. $j = 63°, k = 117°$
7. $l = 34°$
8. $m = 66°$
9. **a** $70°$ **b** $140°$ **c** $20°$
10. **a** $72°$ **b** $36°$ **c** $84°$ **d** $168°$ **e** $132°$
11. $17°$
12. $30°$

page 21   Task E3.3
1. $a = 50°, b = 80°$
2. $c = 145°$
3. $d = 118°, e = 59°$
4. $f = 67°, g = 46°, h = 23°$
5. **a** $122°$ **b** $119°$ **c** $58°$
6. **a** $34°$ **b** $56°$
7. $8°$
8. **a** $6·9$ cm **b** $39·3°$

page 22   Task E3.4
1. $a = 46°$
2. $b = 34°$
3. $c = 82°, d = 164°$
4. $e = 48°, f = 48°$
5. $g = 36°$
6. $h = 124°$
7. $i = 74°$
8. $j = 58°$
9. **a** $24°$ **b** $24°$ **c** $48°$
10. **a** $16°$ **b** $16°$ **c** $66°$
11. $21°$
12. $x = 10°, y = 12°$

page 23   Task E3.5
3. **a** $180° - x - y$ **b** $x + y$ **c** $180° - x - y$
   d $2x + 2y$ **e** $90° - x - y$

page 24   Task M4.1
1. -8
2. -3
3. -5
4. 4
5. 14
6. 17
7. 11
8. 16
9. 41
10. 20
11. 0
12. 19
13. -14
14. 12
15. 42
16. 16
17. 11
18. 12
19. -7
20. 32
21. 32
22. 12
23. 25
24. 244
25. -125
26. 38
27. -2
28. 100
29. 85
30. -3
31. 3
32. 16
33. 11
34. 19
35. 88
36. 4
37. -9
38. 30
39. -240
40. 5

page 25   Task M4.2
1. **a** 46 **b** 150
2. **a** 108 **b** 300 **c** 768
3. $1·35 \times 10^{18}$
4. **a** 497 **b** -136
5. **a** 114 **b** $20·2$
6. $16·1$
7. **a** 100 **b** 50 **c** $6·25$
8. $5·44 \left(= \frac{136}{25}\right)$

page 26   Task M4.3
1. F
2. T
3. F
4. T
5. T
6. F
7. $-24ab$
8. $6mp$
9. $-3x$
10. $-21pq$
11. $-3a^2$
12. $21a^2$
13. $6y + 10$
14. $12a - 6b$
15. $14x + 35$
16. $x^2 - xy$
17. $m^2 - 3mp$
18. $2cd + c$
19. $10a + 5b$

Higher tier   21

20. $4ab - a$ **21.** $m^2 + 8mp$ **22.** $15 - 5x$
23. $8 - 6m$ **24.** $mp - 2m$ **25.** $-xy - yz$
26. $-x^2 - 3xy$ **27.** $b - a$ **28.** $8rq - q^2$
29. $9a^2 + 12ab$ **30.** $24xy - 32x^2$
31. $-y^3 - 3xy$ **32.** $12n^3 - 28n^2$
33. $20x^2y + 10xy^3$ **34.** $12a^2b - 18ab^2$
35. $24p^2q^2 - 8p^3q$ **36.** $21m^2n^3 + 28m^3n^4$

page 27   Task M4.4

1. $3a + 19$ **2.** $22b + 36$ **3.** $25a + 42$
4. $28y + 8$ **5.** $17n + 27$ **6.** $31b + 30$
7. $34c + 25$ **8.** $10a + 4$ **9.** $13x + 51$
10. $2a + 14$ **11.** $7m + 3$ **12.** $12y + 18$
13. 42 **14.** $2a + 21$ **15.** $3x + 1$
16. $26n + 43$ **17.** $32q + 31$ **18.** $11x^2 - x$
19. $7n^2 - 30n$ **20.** $8m^2 - 3n^2 - 16mn$
21. $12a^2 - 14ab - 9ac + 8bc$

page 27   Task M4.5

1. $x^2 + 5x + 6$ **2.** $m^2 + 11m + 28$
3. $c^2 - 6c + 8$ **4.** $y^2 - 6y - 16$
5. $y^2 - 4y - 21$ **6.** $n^2 - 13n + 36$
8. $n^2 + 14n + 49$ **9.** $y^2 - 8y + 16$
10. $x^2 - 16x + 64$ **11.** $15x^2 + 22x + 8$
12. $10a^2 + 13a + 4$ **13.** $6n^2 + 2n - 28$
14. $21y^2 - 32y + 12$ **15.** $16a^2 + 48a + 36$
16. $25m^2 - 90m + 81$ **17.** $5y^2 + 36y + 36$
18. $63 - 10c - 8c^2$ **19.** $32x^2 - 4xy - 6y^2$
20. $2m^2 + 22m + 65$ **21.** $14c + 35$
22. $x^3 + 11x^2 + 36x + 36$

page 28   Task M4.6

1. $n(n + 7)$ **2.** $2m(2p - 5)$ **3.** $2b(2a + 9c)$
4. $xy(x - 3y)$ **5.** $y(x + z)$ **6.** $a(a - 6)$
7. $b(b + 4)$ **8.** $c(c + 9)$ **9.** $p(m - q)$
10. $3x(y + 3z)$ **11.** $5a(2b - 3c)$
12. $3w(6z - 5y)$ **13.** $3f(4g + 7)$
14. $2a(2a - 3)$ **15.** $5p(p - 6q)$
16. $6m(3p + 5)$ **17.** $4q(2p - 5q)$
18. $4y(4xz - 7y)$ **19.** $11a(3a + 5bc)$
20. $3mn(4m - 3n)$ **21.** $5ab(5a + 3c)$
22. $3x^2(2y + 5x)$ **23.** $7m(3m^2 - 4n^2)$
24. $12pqr(4q - 3p)$ **25.** $2y(4xy + 10xz + 3z^2)$
26. $8ab(5a^2 - 7b + 4ab^2)$
27. $9mn^2p^2(4mn - 6np - 3m)$

page 28   Task M4.7

1. $(x + 5)(x + 7)$ **2.** $(m + 3)(m + 9)$
3. $(y - 3)(y - 1)$ **4.** $(n - 6)(n + 4)$
5. $(a - 9)(a + 3)$ **6.** $(c - 10)(c + 2)$
7. $(n - 8)(n - 3)$ **8.** $(y - 9)(y - 5)$
9. $(a + 6)(a - 5)$ **10.** $(x + 8)(x - 9)$
11. $(p + 11)(p + 4)$ **12.** $(m + 10)(m - 6)$
13. $(a - 8)(a - 7)$ **14.** $(q + 12)(q - 8)$
15. $(b - 15)(b + 10)$ **16.** $(x + 1)^2$, $a = 1$
17. $(x + 4)^2$, $b = 4$ **18.** $(x - 3)^2$, $c = 3$
19. $(x - 7)^2$, $d = 7$ **20.** $y = x - 4$

page 29   Task E4.1

1. $(x + y)(x - y)$ **2.** $(b + 3)(b - 3)$
3. $(y + 5)(y - 5)$ **4.** $(a + 8)(a - 8)$
5. $(n + 2)(n - 2)$ **6.** $(p + 1)(p - 1)$
7. $(6 + x)(6 - x)$ **8.** $(3y + z)(3y - z)$
9. $(7 + 2a)(7 - 2a)$ **10.** $(7x + 9y)(7x - 9y)$
11. $(12m + 5)(12m - 5)$ **12.** $\left(4b + \frac{1}{3}\right)\left(4b - \frac{1}{3}\right)$
13. $5(x + 2)(x - 2)$ **14.** $3(2a + 3b)(2a - 3b)$
15. $4(m - 5)(m + 3)$ **16.** $3(n + 4)(n - 4)$
17. $2(5 + b)(5 - b)$ **18.** $5(t + 1)(t + 2)$
19. $6(n - 5)(n - 2)$ **20.** $3(2p + 7)(2p - 7)$
21. $4(x - 6)(x + 2)$ **22.** $7(y + 7)(y - 1)$
23. $5(4 + 3a)(4 - 3a)$ **24.** $2(4x + 9y)(4x - 9y)$
25. $9(a - 5)(a + 4)$ **26.** $10(m - 4)(m - 4)$
27. $2(6y + 13)(6y - 13)$

page 29   Task E4.2

1. $(p + q)(m - n)$ **2.** $(a - b)(a - c)$
3. $(x + y)(m + n)$ **4.** $(c - d)(a - b)$
5. $(r + s)(p - q)$ **6.** $(p + r)(p - q)$
7. $(m - n)(m - k)$ **8.** $(a + 3)(b - c)$
9. $(2a + b)(4c + 5d)$ **10.** $(5x + 4z)(4x - 3y)$

page 30   Task E4.3

1. $(x + 3)(5x - 2)$ **2.** $(2x - 5)(3x - 2)$
3. $(5x + 1)(x + 4)$ **4.** $(3a + 2)(a + 6)$
5. $(5y - 1)(2y - 3)$ **6.** $(3n + 1)(2n - 5)$
7. $(2c + 3)(7c - 3)$ **8.** $(2x + 9)(2x - 9)$
9. $(5m - 4)(4m - 3)$ **10.** $(9a - 2)(4a + 3)$
11. $(20n + 1)(10n + 1)$ **12.** $(9p + 1)(2p - 3)$
13. $(50x - 3)(2x + 1)$ **14.** $(7m - 4)(5m - 7)$

Higher tier

page 30 Task E4.4

1. $x = 6$ or -3
2. $n = 0$ or -3
3. $a = 5$ or -1
4. $x = 1$ or 2
5. $a = -3$ or -1
6. $m = -5$ or -2
7. $y = 3$ or -4
8. $n = 2$ or -5
9. $x = 2$ or 6
10. $c = 3$ or -5
11. $m = 6$ or -4
12. $a = 3$ or 7
13. $n = 5$ or 0
14. $x = -7$ or 0
15. $y = 6$ or 0
16. $p = 2$ or -7
17. $n = 4$ or 8
18. $b = 3$ or 0
19. $x = 3$ or 10
20. $a = 9$ or 4
21. $m = 3$ or -8
22. $p = 3$ or $\frac{2}{3}$
23. $a = \frac{1}{2}$ or $-\frac{1}{5}$
24. $y = -\frac{1}{2}$ or $-\frac{3}{4}$
25. $m = \frac{2}{7}$ or $\frac{5}{3}$
26. $m = \frac{1}{4}$ or 0
27. $h = \frac{3}{2}$ or $-\frac{5}{2}$
28. $x = \frac{1}{5}$ or $\frac{1}{9}$
29. $w = \frac{4}{3}$ or $-\frac{2}{5}$
30. $y = \pm\frac{5}{2}$
31. $h = 1$ or 2
32. $n = 7$ or $-\frac{2}{5}$
33. $n = 0$, 5 or -2

page 31 Task E4.5

1. **b** 10 cm
2. **a** $(s-3)(s-4) = 20$ **b** $s = 8$
3. 3 cm
4. $4m$
5. **b** $15m$ by $20m$
6. **b** $8, 8\frac{1}{2}$
7. 3 cm × 4 cm × 12 cm

page 31 Task M5.1

1. **a** 18, 42, 54   **b** 21, 28, 42, 63   **c** 21·63
2. 5, 7
3. 1, 2, 5, 10, 25, 50
4. **a** 1, 2, 3, 6, 9, 18 **b** 1, 2, 3, 5, 6, 10, 15, 30 **c** 6
5. **a** 5   **b** 18   **c** 8
6. 52
7. **a** 24   **b** 60   **c** 84
8. 35 mins

page 32 Task M5.2

1. **a** 45   **b** 28   **c** 36
2. **a** 5   **b** 5   **c** 7
3. **a** 3×5^2 **b** $2^2 \times 11$ **c** $2^4 \times 5$ **d** $2 \times 3^3 \times 11$
4. 21
5. 45
6. $3 \times 7^2 \times 11 \times 13$ (21 021)
7. $3^2 \times 5 \times 7 \times 11$ (3465)
8. **a** 12   **b** $2^2 \times 3^2 \times 5 \times 7 \times 11$ (13 860)
9. **a** 22   **b** $2^2 \times 3^2 \times 5 \times 11$ (1980)
10. $x = 7, y = 5$

page 33 Task M5.3

1. **a** 3×10^3 **b** 7×10^4 **c** 3.4×10^2
   d 8.9×10^4 **e** 4.86×10^5 **f** 5.98×10^2
   g 9×10^6 **h** 7.6×10^7
2. **a** 4×10^{-3} **b** 7×10^{-4} **c** 9×10^{-1}
   d 1.8×10^{-3} **e** 5.28×10^{-1} **f** 1.9×10^{-5}
   g 3.4×10^{-3} **h** 8.17×10^{-6}
3. **a** 60 000   **b** 300   **c** 0·03
   d 56 000   **d** 240 000   **f** 0·0086
   g 4160   **h** 0·768
5. 2.8×10^4
6. **a** 7×10^{-4} **b** 5.3×10^4 **c** 9.6×10^{-2}
   d 4.87×10^{-1} **e** 4.9×10^7 **f** 5.76×10^5
   g 7.4×10^{-4} **h** 8.24×10^1 **i** 1×10^{-1}
   j 8.64×10^{-7} **k** 6.18×10^6 **l** 4.2×10^7

page 33 Task M5.4

1. **a** 7.3×10^5 **b** 4.2×10^{15} **c** 8×10^6
   d 3.2×10^{23} **e** 6.8×10^{-5} **f** 3.74×10^{-5}
   g 4.25×10^{40} **h** 5.6×10^{-8}
2. 8×10^9
3. **a** 5×10^{15} **b** 6×10^9 **c** 7×10^5
   d 6.8×10^{-26} **e** 1.2×10^{20} **f** 3.6×10^{46}
   g 2×10^{15} **h** 3.5×10^{12} **i** 2×10^{37}
   j 1.6×10^{11} **k** 2.9×10^{28} **l** 5×10^{34}
4. 4.3×10^5
5. **a** 5.7×10^6 **b** 8.6×10^8 **c** 4.61×10^{12}
   d 2.1×10^{-2} **e** 2.43×10^{-7} **f** 6.96×10^{24}
6. 4.11×10^6 7. 3.43×10^{-34} 8. 7×10^5

page 34 Task M5.5

1. **a** 2.8×10^{18} **b** 1.86×10^{40} **c** 2.4×10^{30}
   d 1.2×10^{28} **e** 3.8×10^{-18} **f** 5.81×10^{37}
2. 3.007×10^8 3. 7.48×10^{-20}
4. **a** 3.02×10^{36} **b** 6.94×10^{-57} **c** 1.57×10^{40}
   d 1.12×10^{24} **e** 1.29×10^{27} **f** 1.66×10^{40}
   g 4.86×10^{66} **h** 1.70×10^{29}
5. £1.62×10^{12}
6. 1.058×10^{10} 7. 4.1×10^7 m   8. 7.9×10^{-3}
9. 53·8%   10. 1.01×10^9

page 35 Task M5.6
1. a 23·35 cm b 23·45 cm
2. a 3·75 m b 3·85 m 3. 62·5 kg
4. $47{\cdot}15 \leqslant l < 47{\cdot}25$, $82{\cdot}5 \leqslant m < 83{\cdot}5$, $7{\cdot}25 \leqslant V < 7{\cdot}35$, $6{\cdot}865 \leqslant r < 6{\cdot}875$, $465 \leqslant A < 475$
5. a 3·45 cm b 4·75 cm
6. a 503·35 ml b 503·45 ml
7. 23·465 secs. 8. 66 kg
9. lower 270 m, upper 290 m 10. 8·25 g

page 36 Task E5.1
1. 193·375 cm³ 2. a 14·4375 b 2·83 c 11·55
3. 12·65 cm²(L), 13·20 cm²(H)
4. a 0·10 b 0·16 5. 8·34 (L), 8·40 (H)
6. 11·24 (L), 11·38 (H)

page 37 Task E5.2
1. a 6 b 30 c 12 2. a $p = 7q$ b 63 c 3

3. a
x	6	11	12	22
y	54	99	108	198

b
x	6	10	20	32
y	21	35	70	112

4. a $V = 4{\cdot}5\,I$ b 63 c 6 5. a 55·8 b 13

page 38 Task E5.3
1. $k = 5$
x	3	5	7	10
y	135	625	1715	5000

2. $k = 6$
x	4	9	64	100
y	12	18	48	60

3. a $m = 2\sqrt{n}$ b 10 4. a $L = 6W^2$ b 150 c 4
5. a $p = \tfrac{1}{2}Q^3$ b 108 c 10 6. a 4 b 8
7. a 15 b 343

page 39 Task E5.4
1. $k = 20$
x	1	4	8	20
y	20	5	2·5	1

2. a $y = \dfrac{32}{x}$ b 3·2 c 8

3. a $R = \dfrac{15}{I}$ b 2 c 0·5
4. a $y = \dfrac{60}{\sqrt[3]{x}}$ b 6 c 27
5. a $m = \dfrac{100}{v^2}$ b 25 c 20
6. a $W = \dfrac{16}{H^3}$ b $\tfrac{1}{4}$ c 8 7. a 7·5 b 6·25

page 40 Task M6.1
1. 8 2. 60 3. −2 4. −1 5. −3
6. −2 7. 4 8. −12 9. −25
10. −21 11. $\tfrac{1}{2}$ 12. $\tfrac{2}{7}$ 13. $-\tfrac{3}{2}$
14. $\tfrac{7}{5}$ 15. $-\tfrac{4}{7}$ 16. $-\tfrac{11}{3}$ 17. 18
18. −5 19. 2 20. 9 21. 8
22. $\tfrac{3}{4}$ 23. $\tfrac{7}{9}$ 24. $-\tfrac{3}{8}$ 25. 7
26. 8 27. 4 28. 7 29. −1
30. 3 31. 10 32. $\tfrac{2}{3}$ 33. 24
34. 49 35. 15 36. −10 37. −12

page 41 Task M6.2
1. 2 2. 9 3. 3 4. 7 5. $\tfrac{3}{10}$
6. −1 7. 3 8. 3 9. 20
10. 12 11. 9 12. −7 13. 2
14. 3 15. −5 16. 1 17. 8
18. −7 19. 2 20. $\tfrac{5}{6}$ 21. −6

page 41 Task M6.3
1. 56 2. 32 3. 15 4. 25 5. 38 6. $\tfrac{1}{3}$
7. 6 8. $3\tfrac{1}{2}$ 9. $\tfrac{11}{3}$ 10. 1 11. 18 12. 4
13. 5 14. $\tfrac{1}{2}$ 15. −7 16. 2 17. 13 18. $\tfrac{3}{8}$
19. $\tfrac{23}{11}$ 20. $\tfrac{5}{4}$ 21. $\tfrac{7}{4}$ 22. $\tfrac{9}{2}$ 23. $\tfrac{1}{5}$

page 42 Task M6.4
1. a $20x + 220 = 360$ b $x = 7$ c 105°, 79°, 95°, 81°
2. 7 cm 3. £18 4. a 4 b 37
5. a $9x + 6 = 60$ b 60
6. a $n + 1$, $n + 2$ b $3n + 3 = 144$ c $n = 47, 48, 49$
7. a $x = 12$ b 135 cm² 8. 64 cm × 165 cm

24 Higher tier

page 43   **Task M6.5**
1. 4·8   **2. a** 7·7   **b** 8·3   **3.** 5·4
4. a 7·80   **b** 3·20   **c** 3·12

page 44   **Task M6.6**
1. $b = a + 10$ **2.** $m = \frac{n}{5}$ **3.** AD, BC   **4.** part (b)
5. a $\frac{m+f}{c}$ **b** $\frac{x-h}{g}$
   c $\frac{y+2m}{a}$ **d** $\frac{v}{m} - p$ or $\frac{v-pm}{m}$
   e $\frac{y}{x} - f$ or $\frac{y-fx}{x}$ **f** $\frac{x}{h} + 3$ or $\frac{x+3h}{h}$
   g $8(y+2)$ **h** $\frac{q}{w} + p$ or $\frac{q+pw}{w}$
   i $y(3g-f)$
6. $\frac{3c+b}{a}$ **7.** $\frac{ba-c}{m}$
8. $\frac{ym}{3} - c$ or $\frac{ym-3c}{3}$
9. a $\frac{c}{a} - b$ or $\frac{c-ba}{a}$ **b** $rq - p$
   c $\frac{rt}{p} - q$ or $\frac{rt-qp}{p}$ **d** $\frac{h}{u}$
   e $\frac{k-wb}{w}$ **f** $\frac{d-cb}{ac}$
10. a $\frac{a-c}{b}$ **b** $\frac{p-ry}{q}$ **c** $g(h-k)$
   d $m(p-q) - t$ **e** $\frac{b^2-c}{a} - b$ or $\frac{b^2-c-ab}{a}$
   f $\frac{q(y+c)-b}{a}$

page 45   **Task M6.7**
1. a $(x-b)^2$ **b** $a^2 - b$ **c** $\sqrt[3]{(6m-w)}$
2. a $\sqrt{(c-b)}$ **b** $\sqrt{\left(\frac{r-q}{p}\right)}$ **c** $\sqrt{\frac{b}{a}}$
   d $\sqrt{\frac{cb}{a}}$ **e** $(m+w)^2$ **f** $(zv-u)^2$
   g $\left(\frac{cd-b}{a}\right)^2$ **h** $\sqrt[3]{(a-b)}$ **i** $r^2t^2 + p$
3. $\sqrt{(r^2-2as)}$ **4.** $\sqrt[3]{\frac{a}{4\pi}}$
5. $\frac{w-up}{4q^2}$ **6.** $\sqrt{\frac{A}{8}} + p$
7. a $\frac{m}{h}$ **b** $v(w+x)$ **c** $g(h-k)$ **d** $\frac{a}{(p-q)}$
   e $\frac{b}{m} - c$ or $\frac{b-mc}{m}$ **f** $\frac{6a}{y} + w$ or $\frac{6a+wy}{y}$

8. $\frac{c(h+a)}{b} - d$ or $\frac{c(h+a)-db}{b}$ **9.** $T^2g + a$
10. a h^2m **b** $r^3 + z$ **c** $\sqrt[3]{\frac{2a}{m}}$
   d $\frac{c^3-b}{a}$ **e** $\frac{p^2-n}{m}$ **f** $\sqrt[3]{v-a}$
   g $\sqrt[3]{\frac{x+q}{p}}$ **h** $w^2n + m$ **i** $\frac{27x^3-p}{m}$

page 46   **Task E6.1**
1. a $\frac{b}{a-c}$ **b** $\frac{3w}{p-1}$
2. a $\frac{f}{m-c}$ **b** $\frac{w}{m-p}$ **c** $\frac{d-b}{a-c}$
   d $\frac{fb+ac}{a-b}$ **e** $\frac{my}{4-m}$ **f** $\frac{mn-p}{q+m}$
3. $\frac{c}{a-b}$ **4.** $\frac{d}{a-e}$ **5.** $\frac{bc}{a-c}$
6. $\frac{tr-p}{st-q}$ **7.** $\frac{eb}{k-e}$
8. a $\frac{a}{c^2+b}$ **b** $\frac{1}{1-t^2}$ **c** $\frac{ab^3}{1-b^3}$
   d $\frac{c}{1-\sqrt{a}}$ **e** $\frac{m}{\sqrt[3]{y}-1}$ **f** $\frac{p^2x-w}{p^2-1}$
9. $\frac{cu-dy}{ad-cb}$ **10.** $\frac{WQ}{Px+M}$

page 47   **Task E6.2**
1. a 12 [N. B. Question **1. a** should be $f(2)$]
   b −6   **c** 3   **d** 606
2. a 27   **b** −1   **c** −64   **d** $\frac{1}{8}$
3. a 49   **b** 9   **c** 1   **d** $(p+3)^2$
4. a $-\frac{1}{4}$ **b** $\frac{3}{5}$ **c** −1   **d** $\frac{w^2+3w-1}{w+4}$
5. 8   **6.** −2   **7.** 11   **8.** 6 or −3
9. 2 or 4   **10. a** 3   **b** 7 or −2   **c** 0 or 8
11. a $3x - 4$ **b** $12x + 9$
   c $3 - 3x$ **d** $-10 - 18x$
12. −1   **13.** $8x + 9$
14. a $3x + 6$ **b** $6x - 6$ **c** $-3x - 6$

page 47   **Task M6.8**
1. a $y = 1$ **b** $x = 1$ **c** $x = -2$ **d** $y = -3$
3. (0, 4)(1, 3)(2, 2)(3, 1)
4. (−3, −3)(−2, −1)(−1, 1)(0, 3)(1, 5)(2, 7)(3, 9)

Higher tier

page 48 Task M6.9
1. $(-3, 11)(-2, 6)(-1, 3)(0, 2)(1, 3)(2, 6)(3, 11)$
2. $(-2, 16)(-1, 4)(0, 0)(1, 4)(2, 16)$
3. $(-5, 5)(-4, 0)(-3, -3)(-2, -4)(-1, -3)$
   $(0, 0)(1, 5)(2, 12)$
4. a $(-5, -4)(-4, -8)(-3, -10)(-2, -10)$
   $(-1, -8)(0, -4)(1, 2)(2, 10)$
   b -9.25 c $-0.4, -4.6$ 5. b -1 or 1.5

page 49 Task E6.3
1. a $(-3, -20)(-2, -3)(-1, 2)(0, 1)(1, 0)(2, 5)(3, 22)$
   b $-1.2, 1.3$ 2. b 2.9 3. b -1.5
4. A→5, B→6, C→2, E→1, F→3, G→4

page 50 Task E6.4
2. a 110 km   b 09·15   c 08·45
   d 20 km/h   e 100 km/h
3. b 14·3   c 4·5   4. d 21·5   e 2·7

page 51 Task M6.10
1. A, $\frac{1}{2}$; B, $\frac{1}{3}$; C, 1; D, 4; E, 3.
2. A, -3; B, -1; C, -2; D, 2; E, $-\frac{1}{4}$; F, $-\frac{1}{2}$
3. a 3   b $\frac{5}{3}$ c -1 d $-\frac{3}{4}$ e -2 f $-\frac{3}{2}$
4. -3 5. a -20 b -5

page 52 Task M6.11
1. a and b all -2 c y intercept $= c$ in $y = mx + c$
2. b all $+3$ c y intercept $= c$ in $y = mx + c$

page 53 Task M6.12
1. $y = 5x + 1$, $y = 5x + 4$, $y = 3 + 5x$
2. $y = 3x + 2$, $y = 2 + 4x$
3. a i 8   ii 4   b i 2   ii -6 c i 1   ii 0
   d i 1   ii -5 e i -2 ii 4   f i $\frac{1}{4}$ ii 3
   g i -3 ii 2   h i 7   ii -6 i i 2   ii 3
   j i $-\frac{2}{3}$ ii $\frac{1}{3}$ k i $-\frac{5}{2}$ ii $\frac{7}{2}$ l i $\frac{4}{5}$ ii $-\frac{3}{5}$
4. A, $y = x + 2$; B, $y = \frac{1}{2}x - 2$; C, $y = -3x - 2$
5. $y = 6x + 5$ 6. $y = 2x + 3$
7. a $y = 4x + 1$ b $y = -3x + 2$ 8. $y = -\frac{1}{2}x + 9$

page 54 Task E6.5
1. c $y = -x - 1$ d -1 2. c $y = -\frac{1}{2}x + 6$ d -1
3. a -1 b $-\frac{1}{5}$

page 54 Task E6.6
1. a $-\frac{1}{4}$ b $-\frac{1}{9}$ c $\frac{1}{2}$ d $-\frac{1}{6}$
   e $+1$ f -5 g $-\frac{7}{3}$ h 3
   i $\frac{5}{2}$ j 4   k -10 l $-\frac{5}{13}$
2. a -3 b 1   c $y = -3x + 2$ d $y = x - 1$
3. $y = -\frac{1}{4}x - 3$ 4. $y = 2x + 9$
5. $y = 3x + 2$ 6. $x - 3y = 6$, $y = \frac{1}{3}x + 5$
7. a $y = 6x + 5$ b $y = 3x - 1$ c $y = \frac{1}{2}x + 4$
   d $y = \frac{1}{3}x - 2$

page 55 Task M8.1
1. a $\frac{58}{120}$, Yes   2. a 30
   b 1, 0·113; 2, 0·1 3, 0·15; 4, 0·113; 5, 0·125;
   6, 0·113; 7, 0·138; 8, 0·15
   c Dice is not fair. Biased towards 3 and 8.
3. 0·25, 0·325, 0·35, 0·325, 0·36, 0·39, 0·38, 0·37, 0·38, 0·38
   c 0·38
4. Natalie because everyone else got about the same answer.

page 56 Task M8.2
1. a $\frac{1}{15}$ b $\frac{2}{15}$ c $\frac{1}{5}$ d $\frac{2}{15}$ 2. a $\frac{4}{13}$ b $\frac{11}{13}$ c $\frac{6}{13}$
3. a $\frac{3}{10}$ b $\frac{2}{3}$ 4. a $\frac{1}{6}$ b $\frac{3}{8}$ c $\frac{11}{24}$
5. a $\frac{1}{5}$ b $\frac{4}{5}$ c 0   d $\frac{9}{18} = \frac{1}{2}$
6. a $\frac{1}{2}$ b $\frac{3}{8}$ c $\frac{1}{2}$ 7. $\frac{1}{6}$ 8. $\frac{y}{x+y+z}$
9. $\frac{n - 8 - m}{n}$ 10. $\frac{x - y + z - 6}{x - y + z - 1}$

page 58 Task M8.3
1. 24   2. a 20   b 20   c 40   d 40
3. 64   4. 28   5. 4   6. a 7   b 35   c 63
7. 17   8. a $\frac{3}{5}$ b 6   c 9

26 Higher tier

page 59 **Task M8.4**

1. a (1, 2)(1, 4)(1, 9)(1, 12)(8, 2)(8, 4)(8, 9)(8, 12)
(27, 2)(27, 4)(27, 9)(27, 12)
b 12 **2.** BBB, BBG, BGG, GGG
3. AK, AJ, AT, KJ, KT, JT
4. a

×	1	2	3	4
1	1	2	3	4
2	2	4	6	8
3	3	6	9	12
4	4	8	12	16

b $\frac{1}{4}$ **c** $\frac{3}{16}$ **d** $\frac{1}{4}$

5. *No* $\left(\text{Marie } \frac{4}{30}, \text{Don } \frac{6}{30}\right)$

page 60 **Task M8.5**

1. $\frac{3}{4}$ **2.** part **a** only **3. a** 0·7 **b** 0·2 **4.** $\frac{10}{13}$
5. 0·85 **6. a** 0·15 **b** 0·4 **c** 8
7. not exclusive **8. a** 0·15 **b** 0·35

page 61 **Task M8.6**

1. $\frac{1}{4}$ **2.** $\frac{1}{36}$ **3. a** $\frac{1}{16}$ **b** $\frac{1}{169}$
4. a $\frac{9}{121}$ **b** $\frac{4}{121}$ **5. a** 0·28 **b** 0·42 **c** 0·18
6. a $\frac{1}{4}$ **b** $\frac{9}{100}$ **c** $\frac{16}{100}$ **7.** $\frac{1}{1296}$ **8. a** $\frac{1}{7}$ **b** $\frac{3}{7}$

page 62 **Task M8.7**

1. b $\frac{64}{121}$ **c** $\frac{9}{121}$ **d** $\frac{48}{121}$ **2. b i** 0·49 **ii** 0·42
3. b i $\frac{1}{64}$ **ii** $\frac{27}{64}$ **iii** $\frac{37}{64}$ **4. a** $\frac{5}{72}$ **b** $\frac{91}{216}$
5. a 0·008 **b** 0·384 **c** 0·488

page 63 **Task E8.1**

1. b $\frac{5}{14}$ **c** $\frac{15}{28}$ **2. b** $\frac{7}{12}$ **c** $\frac{7}{18}$ **d** $\frac{11}{18}$
3. b i $\frac{11}{850}$ **ii** $\frac{997}{1700}$ **iii** $\frac{741}{1700}$
4. b $\frac{21}{132}$ **c** $\frac{37}{44}$ **d** $\frac{7}{22}$

5. a $\frac{(15-x)(14-x)}{210}$ **b** $\frac{211-x^2}{210}$ **c** $\frac{15x-x^2}{105}$

page 64 **Task E8.2**

1. b 0·375 **2. b** 0·43 **3. b** 0·5075 **4. b** 63%
5. $\frac{99}{200}$ **6. a** $\frac{7}{n} \times \frac{6}{n-1} = \frac{1}{5}$ **b** 15

page 66 **Task M9.1**

3. 2 **4.** 4 **5.** 2 **6.** 6
7. 3 **8.** 1 **9.** 8 **10.** 6

page 67 **Task M9.2**

1. 2 **3.** 9

page 67 **Task M9.3**

1. a $\begin{pmatrix} 3 \\ 2 \end{pmatrix}$ **b** $\begin{pmatrix} 2 \\ 3 \end{pmatrix}$ **c** $\begin{pmatrix} 2 \\ -1 \end{pmatrix}$ **d** $\begin{pmatrix} 3 \\ 0 \end{pmatrix}$ **e** $\begin{pmatrix} 4 \\ -4 \end{pmatrix}$

f $\begin{pmatrix} -3 \\ 1 \end{pmatrix}$ **g** $\begin{pmatrix} 0 \\ 5 \end{pmatrix}$ **h** $\begin{pmatrix} -3 \\ -1 \end{pmatrix}$ **i** $\begin{pmatrix} 5 \\ 4 \end{pmatrix}$ **j** $\begin{pmatrix} 2 \\ 5 \end{pmatrix}$

2. e $\begin{pmatrix} 3 \\ -2 \end{pmatrix}$

page 68 **Task M9.4**

1. a *x* axis **b** $x = -1$ **c** $x = 2$
d $y = 1\frac{1}{2}$ **e** $y = -1$

2. d $\begin{pmatrix} 7 \\ 2 \end{pmatrix}$ **3. g** $\begin{pmatrix} 5 \\ 3 \end{pmatrix}$ **4. f** $y = x + 1$

page 69 **Task M9.5**

5. a (3, 4) **b** (7, 4) **c** (4, 4) **6. f** $\begin{pmatrix} -4 \\ 4 \end{pmatrix}$
7. a 90° Clockwise, centre (0, 0)
 b 90° Clockwise, centre (3, −1)
 c 90° Clockwise, centre (1, −1)

page 70 **Task M9.6**

1. Scale Factor 2, centre (1, 5)
2. S.F. 3, centre (−4, 5) **6. g** $\begin{pmatrix} 2 \\ -7 \end{pmatrix}$

Higher tier 27

page 71   **Task E9.1**
1. **d** (4, −1)   2. S.F. −3, centre (−1, 2)
3. S.F. $\left(-\frac{1}{2}\right)$, centre (−3, 1)
4. **e** Translation $\begin{pmatrix} 0 \\ 4 \end{pmatrix}$

page 72   **Task E9.2**
1. **a** Rot. 90° anticlockwise, centre (0, 0)
   b Reflection in x axis
   c Translation $\begin{pmatrix} 3 \\ 2 \end{pmatrix}$
   d Enlargement S.F. 3, centre (0, 0)
   e Reflection in $x = -1$
2. **g** Translation $\begin{pmatrix} -4 \\ -5 \end{pmatrix}$
3. **g** Reflection in $x = -2$

page 74   **Task M10.1**
1. **a** 260   **b** 382   **c** 4·7   **d** 9   **e** 0·4
   f 1·5   **g** 3500   **h** 0·6   **i** 280   **j** 1900
   k 0·62   **l** 1 937 000   **m** 8200   **n** 3260   **o** 0·043
2. 80
3. **a** 7·4 cm, 8 cm, 83 mm, 0·81 m
   b 0·7 kg, 738 g, 780 g, 0·79 kg
   c 57 m, 509 m, 0·6 km, 4·7 km, 5 km
   d 274 *ml*, 275 *ml*, 0·279 *l*, 0·28 *l*, 2·14 *l*
4. **a** Stones/pounds   **b** inches   **c** feet
5. 5 ft. 5 ins   6. 475 yds
7. **a** 20   **b** 44   **c** 79   **d** 5280   **e** $4\frac{1}{2}$
   f 7   **g** 11 200   **h** 110   **i** 3360   **j** 70

page 75   **Task M10.2**
1. **a** 45   **b** 44   **c** 18   **d** 15   **e** 16
   f 75   **g** 5400   **h** 6   **i** 7   **j** 315
2. Harry   3. Yes   4. B
5. **a** 3 gals.   **b** 12 km   **c** 3 miles   **d** 10 pounds
   e 700 cm   **f** 35 *l*   **g** 9 ins   **h** 1 m

page 76   **Task M10.3**
1. 126 km/h   2. 3·09 hrs   3. 12 km/h
4. 126 km   5. 141 km/h   6. 8·50 am

7. **a** 50 miles   **b** 64 miles   **c** 40 mph
   d 11·27   **e** 15 mins   **f** 50 mph
8. Terry   9. 74·5 km/h   10. 55

page 77   **Task M10.4**
1. 9 g/cm³   2. 480 g   3. 30 cm³
4.

Density (g/cm³)	Mass (g)	Volume (cm³)
7	630	90
4	240	60
8	152	19
84	42	0·5
13	585	45
1·5	210	140

5. 21·23 g   6. 8·2 g/cm³   7. Steel by 0·5 cm³
8. 35·52 kg   9. 62·38 kg   10. $63(x^2 - 3y)$

page 78   **Task M10.5**
1. 7·81 cm   2. 5 cm
3. **a** 4·47 cm   **b** 10·30 cm   **c** 18·57 cm   **d** 5 cm
   e 10·72 cm   **f** 8 cm
4. 7·22 cm   5. 13·23 cm

page 79   **Task M10.6**
1. 11·40 cm   2. 48 m   3. 5·10 m
4. 180·28 km   5. 270 cm²   6. 4·47 cm
7. 17·49 m   8. 5   9. 13
10. **a** 8·49 cm   **b** 11·31 cm
11. 49·61 cm²   12. 42·60 cm

page 81   **Task M10.7**
1. No   2. Yes   3. No   4. No
5. Yes   6. Yes   7. Yes   8. No

page 81   **Task M10.8**
1. 10·5 cm   2. 17·3 cm   3. 8·02 cm
4. 22·2 cm   5. 7·58 cm   6. 11·3 cm
7. 14·5 cm   8. 27·6 cm   9. 115 cm
10. 1·99 cm   11. 7·49 cm   12. 17·9 cm
13. **a** 9·20 cm   **b** 10·9 cm
14. 15·8 cm   15. 20·7 cm   16. 7·66 cm

page 82   Task M10.9

1. 62·2°   2. 25·3°   3. 79·9°   4. 28·9°
5. 44·3°   6. 14·0°   7. 10·3°   8. 65·4°
9. 89·3°   10. 17·9° 11. 64·4° 12. 25·9°

page 83   Task M10.10

1. 49·5°   2. 16·5°   3. 10·8 cm
4. 5·91 m 5. 11·0 cm 6. 31·0°
7. 29·4 cm^2 8. 13·8 cm^2 9. 7·48 cm
10. 32·5 cm   11. 12 cm

page 86   Task E10.1

1. $\overrightarrow{AB} = \begin{pmatrix} 3 \\ 3 \end{pmatrix}$, $\overrightarrow{CD} = \begin{pmatrix} 1 \\ -1 \end{pmatrix}$, $\overrightarrow{EF} = \begin{pmatrix} 2 \\ 1 \end{pmatrix}$,

$\overrightarrow{GH} = \begin{pmatrix} -1 \\ 3 \end{pmatrix}$, $\overrightarrow{IJ} = \begin{pmatrix} 4 \\ 4 \end{pmatrix}$

$\mathbf{a} = \begin{pmatrix} 2 \\ 3 \end{pmatrix}$, $\mathbf{b} = \begin{pmatrix} -1 \\ -4 \end{pmatrix}$, $\mathbf{c} = \begin{pmatrix} 1 \\ 2 \end{pmatrix}$,

$\mathbf{d} = \begin{pmatrix} 4 \\ -2 \end{pmatrix}$, $\mathbf{e} = \begin{pmatrix} -3 \\ -5 \end{pmatrix}$

2. $a = \sqrt{13}$, $b = \sqrt{17}$, $c = \sqrt{5}$, $d = \sqrt{20}$, $e = \sqrt{34}$
4. $\sqrt{29}$

page 86   Task E10.2

1. a $\begin{pmatrix} -9 \\ 6 \end{pmatrix}$ b $\begin{pmatrix} -20 \\ -4 \end{pmatrix}$ c $\begin{pmatrix} -1 \\ 6 \end{pmatrix}$ d $\begin{pmatrix} -11 \\ 3 \end{pmatrix}$

e $\begin{pmatrix} 15 \\ 21 \end{pmatrix}$ f $\begin{pmatrix} -15 \\ 12 \end{pmatrix}$ g $\begin{pmatrix} 8 \\ 12 \end{pmatrix}$ h $\begin{pmatrix} -4 \\ 1 \end{pmatrix}$

2. a $\mathbf{m} + \mathbf{n}$ b $5\mathbf{m} + 6\mathbf{n}$ c $\frac{1}{2}\mathbf{m} + \frac{1}{2}\mathbf{n}$

d $\frac{3}{2}\mathbf{q} - 2\mathbf{p}$ e $\frac{7}{3}\mathbf{a} - \frac{1}{6}\mathbf{b}$ f $\frac{5}{2}\mathbf{a} - \frac{1}{2}\mathbf{c} + 2\mathbf{b}$

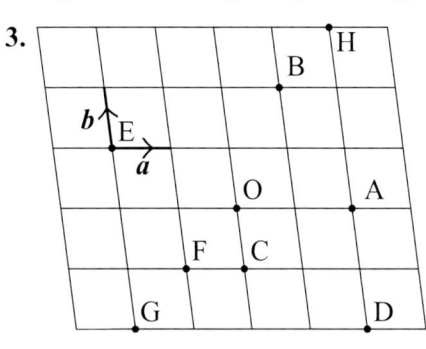

3.

4. a $\mathbf{a} + \mathbf{b}$ b $-\mathbf{a} - \mathbf{b}$ c $\mathbf{a} + \mathbf{b} - \mathbf{c}$ d $\mathbf{b} - \mathbf{c}$
6. a $\mathbf{n}$ b $-\mathbf{m}$ c $\mathbf{n} - \mathbf{m}$ d $-\mathbf{m} - \mathbf{n}$

7. a (7, 3)   b (6, 0)   c $\begin{pmatrix} -1 \\ -3 \end{pmatrix}$

page 87   Task E10.5

1. a $\frac{1}{2}\mathbf{p}$ b $\mathbf{p} + \mathbf{q}$ c $\frac{2}{3}(\mathbf{p} + \mathbf{q})$

d $\frac{1}{6}\mathbf{p} + \frac{2}{3}\mathbf{q}$ e $\frac{1}{2}\mathbf{p} + \mathbf{q}$ f $\frac{1}{3}\mathbf{p} - \frac{2}{3}\mathbf{q}$

2. a $4\mathbf{b} - 2\mathbf{a}$ b $12\mathbf{b} - 6\mathbf{a}$ d $1:3$
3. a $\mathbf{b} - 6\mathbf{a}$ b $\mathbf{b} - 6\mathbf{a}$
   c opposite sides are equal and parallel
4. a $4\mathbf{a} + 6\mathbf{b}$ b $3\mathbf{a} + 8\mathbf{b}$ c $4\mathbf{a} + 13\mathbf{b}$
   d $6\mathbf{a} + 9\mathbf{b}$ f $2:3$

page 88   Task M11.1

1. a

	paper	bottles	cans	Total
Boys	86	73	89	248
Girls	220	58	74	352
Total	306	131	163	600

b 220   c 27·2%

2. a

	DVD	CINEMA	THEATRE	TOTAL
Male	1	5	2	8
Female	6	4	2	12
Total	7	9	4	20

b 25%

3. a

	stay in 6th fm.	go to college	leave education	Total
Year 10	86	128	26	240
Year 11	120	109	31	260
Total	206	237	57	500

b 48%   c 47·4%

4. a

	car	walk	bike	train	Total
Birmingham	314	117	31	69	531
Nottingham	216	175	41	37	469
Total	530	292	72	106	1000

b $\frac{31}{531}$ c 10·6%

page 90 Task M11.2

1. adventure 48°, comedy 144°, horror 56°, romance 16°, cartoon 96°
2. $b = 69°$, $g = 24°$, $r = 84°$, $y = 123°$, $p = 12°$, other = 48°
3. **a** 100 **b** 75 **c** 125
4. **a** 40 **b** 24 **c** 96
5. **a** 144° **b** 54° **c** 126°
6. We do not know the number of students at each school.

page 91 Task M11.3

2. **b** positive **b** 7 cm **e** 193/195 cm
4. **b** Negative **d** 72

page 92 Task M11.4

1. **b** 240
   c 250, 150, 145, 55, 105, 210, 340, 475
   d Sales fell after March and then rose quickly from September onwards. New cars are registered in February and September.
2. **b** 105, 110, 105, 120, 135, 135, 125, 160, 160, 165, 135, 140, 125
   c Sales rose 1993 to 2001 (apart from 1998) and then fell a little.
3. **b** 130, 125, 125, 127, 127, 128, 130, 131, 132, 131, 130, 132, 137, 135, 137
   d number of visitors rose gradually.

page 93 Task E11.1

1. **a** Yes
   b Not representative. The sample may not include people who need a car to go to the supermarket.
   c Yes
   d No. The sample only takes people who use the Gym.
   e Yes **f** Yes
2. **a** Random sample of people under 18 years old. Include people aged (say) 11 to 17.
   b Random sample of people in Scotland.

page 94 Task E11.2

1. 31 males, 19 females
2. Ski 22, AUST 8/9, EU cities 25, Carib 14/15
4. Lab. 706, Lon. 539, Lib. Dem. 428, Green 310, Other 17
5. F 14, G 7, S 4

page 95 Task M12.1

1. **b** 6 **c** 2
2. **a** $(6, 0)(0, 4)$ **b** $(7, 0)(0, 3)$ **c** $(5, 0)(0, 8)$
   d $(6, 0)(0, -8)$

page 95 Task M12.2

1. **a** $x = 4, y = 2$ **b** $x = 6, y = 6$ **c** $x = 2, y = 4$
2. **d** $x = 3, y = 2$
3. **a** $x = 1, y = 3$ **b** $x = 2, y = 5$ **c** $x = 3, y = 1$

page 96 Task M12.3

1. $x = 1, y = 2$ 2. $x = 3, y = 2$
3. $x = 2, y = 5$ 4. $x = 5, y = 1$
5. $x = 3, y = 4$ 6. $x = 0, y = 6$
7. $x = -1, y = 2$ 8. $x = 4, y = -3$
9. $x = -2, y = -1$ 10. $x = -5, y = 3$

page 96 Task M12.4

1. $x = 3, y = 2$ 2. $a = 1, b = 4$
3. $m = 2, n = 6$ 4. $c = 5, d = 1$
5. $p = -1, q = 3$ 6. $a = 4, b = -2$
7. $m = 3, n = \frac{1}{2}$ 8. $x = -1, y = -2$
9. $x = -\frac{1}{2}, y = 3$ 10. $p = -2, q = 6$
11. $c = -4, d = -1$ 12. $x = \frac{1}{2}, y = \frac{1}{4}$

page 97 Task M12.5

1. Socks £3, Pants £8 2. 7, 12
3. battery £5, solar £6 4. Child £13, Adult £25
5. $m = 3, c = 5$
6. Hardback £5·95, Paperback £3·95
7. 36 senior, 12 normal 8. Anna 6, Charlie 24

page 97 Task M12.6

1. $2\frac{1}{2}, 1\frac{1}{4}$; divide by 2 2. 1·7, 0·9; substract 0·8
3. $3\frac{1}{2}, 4\frac{1}{4}$; add $\frac{3}{4}$ 4. 324, 972; multiply by 3

30 Higher tier

5. 0·3, 0·03; divide by 10
6. −16, −32; multiply by 2
7. 290   8. a 81   b 121
9. 26, 37   10. 24, 35   11. 30, 42
12. 38, 52   13. 1024   14. 31, 63
15. A→c), B→b), C→f) D→e), E→d), F→a)

page 98   Task M12.7

1. A→R, B→Q, C→S, D→P
2. a $3n + 4$ b $7n + 2$ c $9n - 8$ d $8n - 2$
   e $34 - 4n$ f $23 - 5n$ g $4n + 4$ h $25 - 3n$
3. b
Shape number	1	2	3	4
Number sticks	8	15	22	29

   c $s = 7n + 1$ d 281
4. b
Shape number	1	2	3	4
Number of sticks	10	18	26	34

   c $s = 8n + 2$ d 322
5. a $(20n + 80)$ pence   b £2·40
   c 21st   d 99 pence
6. a $37 - 2n$ b 18

page 100   Task E12.1

1. a 0   b 12   c 90
2. a $n^2 + 4$ b $n^2 - 2$ c $n^2 - n$ d $n^2 + 5n$
3. a $s = n^2 + 3n + 2$ b 702
4. a i $3n^2$ ii 1200   b i $2n^2 + 3$ ii 803
   c i $2n^2 + 5n$ ii 900   d i $3n^2 + 4n - 2$ ii 1278
5. a $n^2 - 4n$ b 14

page 100   Task E12.2

1. $(x + 3)^2 + 4$; $a = 3, b = 4$
2. $(x - 5)^2 - 7$; $c = -5, d = -7$
3. a $(x + 8) - 34$ b $(x-2)^2 - 3$ c $\left(x - \frac{3}{2}\right)^2 - \frac{1}{4}$
4. $x = 4 \pm \sqrt{13}$
5. a $x = -3 \pm \sqrt{5}$ b $6 \pm \sqrt{15}$
   c $10 \pm \sqrt{10}$ d $-\frac{5}{2} \pm \frac{\sqrt{17}}{2}$
6. $a = 3, b = 3, c = 5$ 7. $p = 4, q = 2, r = 7$
8. −2·27 or −5·73   9. 3   10. Max 3, $x = -3$

page 101   Task E12.3

1. −0·469 or −8·53   2. 0·236 or −4·24
3. 6·32 or −0·317   4. −0·394 or −7·61

5. 1·27 or −2·77
7. 1·65 or −0·151
9. 1·77 or 0·505
11. $\frac{2 \pm \sqrt{84}}{10}$

6. −0·119 or −1·68
8. 0·409 or −0·964
10. $\frac{-5 \pm \sqrt{13}}{2}$
12. $\frac{-7 \pm \sqrt{5}}{2}$

page 102   Task E12.4

1. a length = $x + 2$, area = $x(x + 2)$ c 1·45
2. b 14×48
3. a $2h + 3$ b $h(2h + 3) = 152$ c 8 cm
4. a $25 - w$ b $w(25 - w) = 154$ c 11 m or 14 m
5. a $2x - 3$ b $x(2x - 3) = 35$ c 5
6. 5·91 cm

page 103   Task E12.5

1. $x = 1$ $y = 5$, $x = 2$ $y = 8$
2. $x = 2$ $y = 6$, $x = -6$ $y = -2$
3. $x = 3$ $y = 4$, $x = -2$ $y = -6$
4. $x = 2$ $y = 6$, $x = \frac{4}{13}$ $y = -\frac{58}{13}$
5. (1, 4) M, (2, 1) N

page 103   Task E12.6

1. b 7·2   c 2·3   2. a 2000   b 1717   d 7·3 yrs
3. a 4   b 3   c 108   4. a −3   b 2   c $-1\frac{3}{4}$

page 104   Task E12.7

1. a −4·8 or −0·2   b 0·8 or −3·8
   c 0·8 or −3·8   d −0·5 or −4·6
2. a −0·6 or 3·6   b −0·8 or 3·8
   c 2·6 or 0·4   d 2·6 or −1·6
3. i 2·4 or −0·4   ii 3·2 or −1·2
   iii 3·3 or −0·3   iv 3·3 or −0·3
4. a $y = 3x + 1$ b $y = x$ c $y = 2 - x$

page 105   Task M13.1

1. 84 cm^2 2. 180 cm^2 3. 72 cm^2
4. 12 cm   5. 460 cm^2 6. 13·7 cm^2
7. a 226·2 cm^2 b 22·9 cm^2 c 1289·1 cm^2
8. a 103·7 cm^2 b 84·1 cm^2 c 50·4 cm^2
9. 102·5 m^2 10. 4·7 cm
11. 22·4 cm   12. 84·3 cm^2

Higher tier

page 106   Task E13.1
1. 72.5 cm^2 2. 88.4 cm^2 3. 39.9 cm^2 4. $32°$
5. 16.8 cm 6. $62°$ 7. 21.7 cm 8. 9.2 cm

page 107   Task E13.2
1. 4.8 cm 2. 17.0 cm 3. $43°$ 4. $8 + \frac{2}{3}\pi$
5. $4\pi + 36$ 6. $\frac{10}{3}\pi + 14$ 7. 20.6 cm 8. 42.6 cm

page 108   Task E13.3
1. 47.1 cm^2 2. 51.5 cm^2 3. 34.7 cm^2
5. $40 - \frac{32\pi}{9} \text{ cm}^2$ 6. $17.9°$ 7. 4.1 cm^2
8. 24.9 cm^2

page 110   Task M13.2
1. **a** 360 m^3 **b** 800 cm^3 2. 7.2 m^3
3. False   4. 5 m
5. **a** $4\,000\,000$ **b** $2\,900\,000$ **c** $80\,000$ **d** $74\,800$
   e 6 **f** 6000 **g** 600 **h** 5160 **i** 3.8
6. **a** $90\pi \text{ cm}^3$ **b** $144\pi \text{ cm}^3$ 7. 7.5
8. 1.056 litres   9. 10 10. 8.2 cm

page 111   Task E13.4
1. **a** 1940 cm^3 **b** 28 m^3 **c** 65.4 m^3
2. The cone   3. 2.67 cm
4. **a** $1488\pi \text{ cm}^3$ **b** $2511\pi \text{ cm}^3$
5. 2 mins 7 secs   6. 8.2 cm 7. 13.9 cm

page 112   Task E13.5
1. **a** 239 cm^2 **b** 1020 cm^2 **c** 1010 cm^2
2. $90\pi \text{ cm}^2$ 3. 12.4 cm 4. 108π 5. 1280 cm^2

page 113   Task M13.3
1. **b** 16 cm 2. 10.5 cm
3. $y = 12.5 \text{ cm}, z = 11 \text{ cm}$ 4. 25 cm 5. 3 cm
6. **a** 10 cm **b** 5 cm

page 114   Task M13.4
1. 2.5 cm 2. 9 cm 3. 18 cm
4. $AB = 8 \text{ cm}, AE = 4 \text{ cm}$ 5. **b** 10 cm
6. $x = 5 \text{ cm}, y = 7 \text{ cm}$ 7. 5
8. $x = 8 \text{ cm}, y = 15 \text{ cm}$

page 115   Task E13.6
1. 4000 cm^3 2. 931 cm^2 3. 3.5 cm 4. £7.68
5. 14 cm 6. **a** £1.46   **b** 39.6 cm 7. $2.68 l$
8. £3.28

page 116   Task E13.7
1. **a** $1:36$ **b** $1:6$ **c** $1:216$ **d** 10152 cm^3
2. **a** $1:64$ **b** $1:4$ **c** $1:16$ **d** 57 cm^2
3. 22.4 m^2 4. 384 cm^2 5. 5040 cm^3
6. 21.0 mm^3 7. £171.26

page 117   Task M14.1
1. **a i** 8 **ii** 9 **iii** 10 **iv** 14
   b i 9 **ii** 8 **iii** 4 or 8 **iv** 12
2. 25 3. **a** 48 **b** 40 **c** could be either
4. **a** 9 **b** 9.1 **c** mode.
5. $1, 4, 7, 9, 14$ 6. 222 7. **a** 693 kg **b** 61 kg
8. £27 200   9. £4.78   10. £415

page 118   Task M14.2
1. **a** 5 **b** 4 2. **a** 3 **b** 4 **c** Girls
3. **a** $6-8$ **b** $2-5$
4. **a** Chetley Park school $2-5$, Wetton school
   $6-9$
   b Wetton School, higher median

page 119   Task M14.3
1. **a** 82 **b** 2.05 2. **a** 180 **b** 1.7
3. **a** A 3.4 B 4.3 **b** Area B

page 120   Task M14.4
1. **a** 319 **b** 4 2. **a** Batton city   **b** 44.3 **c** 4
4. **a** Callum hornets 100.2 kg, Eastham sharks 98 kg
   b Callum hornets

page 121   Task M14.5
1. **a** £32   **b** £37   2. **b** 38 kg
3. **a** median 174, range 36
   b median 175, range 33
   c Tampton Trojans are slightly taller and there is a smaller spread of heights for their players.

32 **Higher tier**

page 122 **Task M14.6**
1. **a** 10 **b** 7 **c** 14 **d** 7
2. **a** 0·8 **b** 0·5 **c** 0·9 **d** 0·4
3. **a** $\frac{1}{2}$ **b** $\frac{1}{4}$ **c** $\frac{3}{4}$ **d** $\frac{1}{2}$
4. **a** Carl £23, Bron £17 **b** Carl £20, Bron £13
   c Carl bought more expensive clothes and Bron's clothes were less spread out in value.

page 122 **Task M14.7**
1. **a** 12, 43, 102, 147, 174, 192, 200
   c i 29·5 **ii** about 19 to 20 **d** about 22%
2. **a** 62 kg **b** 56 kg **c** 74 kg **d** 18 kg **e** 10
3. **a** 34, 61, 106, 137, 152, 160, 167, 172
   c i £1260 **ii** £1200 **d** about 12%

page 123 **Task M14.8**
1. **a** 32 **b** 38 **c** 29 **d** 38 **e** 9
3. Girls: median 13·8, range 3·2, IQR 1·8; Boys: median 13·5, range 3, IQR 1·2. Girls' times were a little higher and more spread
4. Men: median 18, range 52, IQR 14; Women: median 19, range 51, IQR 15. Women spent slightly longer and the spread of times was about the same for both.
5. 11X: median 1·8 h, IQR 0·8 h; 11Y median 2·2 h, IQR 1·7.
   11X had a lower median and their times were less spread out than for 11Y.

page 125 **Task E14.1**
1. **a** (10 − 15) 5, (15 − 25) 7, (25 − 30) 12, (30 − 40) 8, (40 − 60) 5, (60 − 90) 2
2. **a** A is an integer **b** 32 ÷ 10
3. **a** Data is continuous **b** 27 ÷ 6

page 126 **Task E14·2**
1. **a** (0 − 2) 13, (2 − 3) 7, (3 − 5) 18, (5 − 8) 12, (8 − 12) 10 **b** 60
2. **a** (10 − 15) 14, (15 − 30) 66, (30 − 40) 49, (40 − 60) 42, (60 − 80) 16
3. **a** (0 − 6) 18, (6 − 10) 16, (10 − 15) 31, (15 − 30) 144, (30 − 42) 72, (42 − 60) 18
   b 299 **c** 58·5%
4. **a** (15 − 20) 130, (40 − 70) 225 **c** 55·1%

page 127 **Task E14.3**
1. **b** 10P: median 27, IQR 26; 10Q median 14, IQR 19. Children in 10P received more emails than those in 10Q and the spread of the numbers was higher than for 10Q.
2. **a** 19 **b** 11
   c The 8 year-olds received a lot more presents than the 18 year-olds.
3. Women in country A were significantly older when they gave birth to their first child.

page 128 **Task M16.1**
1. **a** $x > 6$ **b** $2 \leq x \leq 6$ **c** $-2 < x \leq 3$
2. **a** 4, 5, 6, 7 **b** 1, 2, 3, 4, 5 **c** $-4, -3, -2$
   d $-5, -4, -3, -2, -1, 0$
3. **a** $x > 5$ **b** $x < 6$ **c** $x > 7$
   d $x > -10$ **e** $x \geq 6$ **f** $x \leq 24$
4. **a** $x < 3$

   b $3 \leq x \leq 5$

   c $-2 \leq x < 1$
5. **a** 2 **b** 8 **c** 1
6. **a** $x < -1$ **b** $x \leq -\frac{11}{3}$ **c** $4 \leq x \leq 14$

page 129 **Task M16.2**
1. $-4 \leq x \leq 4$
2. $-1 < x < 1$
3. **a** $n < -6, n > 6$ **b** $-8 \leq y \leq 8$
   c $x \leq -13, x \geq 13$ **d** $m < -3, m > 3$
   e $-2 < z < 2$ **f** $-2 \leq b \leq 2$
   g $a < -11, a > 11$ **h** $-3 \leq x \leq 3$
4. $-5 < n < 5$ 5. $y < -3, y > 3$
6. $1 \leq x \leq 5$

page 129 **Task M16.3**
1. **a** $y > 3$ **b** $y \leq x + 2$
   c $-2 \leq x < 1$ **d** $y > 2 - 2x$
2. **a** $y < 4 - x, x \leq 3, y \leq 3$
   b $3y \geq x + 3, y < x + 1, x + y \leq 5$
5. $x + y \geq 2, y \leq 2x - 1, x < 2$

Higher tier 33

page 131   Task M16.4

1. Volume   **2.** length
3. a *l*   **b** area   **c** *a*   **d** *v*   **e** *l*
   f *a*   **g** *l*   **h** *v*   **i** *a*   **j** *l*
   k *v*   **l** *l*   **m** *a*   **n** *a*   **o** *v*
4. $6a^3$, $\pi b^2 c$, $2ab^2$

page 131   Task M16.5

1. area
2. a *l*   **b** no meaning   **c** *v*   **d** *a*   **e** n.m.
   f n.m.   **g** *l*   **h** *v*   **i** *v*   **j** *a*   **k** *a*   **l** n.m.
   m *v*   **n** *a*   **o** n.m.   **p** *l*
3. A, D, E   **4.** 2
5. a $3a(b+c)$, $\dfrac{3abc(4a-b)}{9b^2}$

 b $4b^2(3a-c)$, $\pi a^2 b - 6a^3$, $\dfrac{\pi b^3 c}{5a}$

 c $\dfrac{\pi b^2}{a} + 6\pi b$, $\dfrac{5c(\pi a^2 + 3ac)}{\pi bc}$

page 132   Task E16.1

1. a T   **b** F   **c** F   **d** F   **e** T   **f** F
2. a $\dfrac{a}{2b}$ **b** $\dfrac{x}{y}$ **c** $\dfrac{3n}{4m}$ **d** $\dfrac{a+b}{ab}$

  e $3x - 2y$ **f** $\dfrac{b+c}{d}$ **g** $\dfrac{1}{2}$ **h** $\dfrac{m}{2-5n}$

3. a $x-3$ **b** $\dfrac{5b}{3}$ **c** 4   **d** $\dfrac{3(a-3b)}{(a+3b)}$

  e $\dfrac{x+1}{x}$ **f** $\dfrac{x+4}{2x}$ **g** $\dfrac{n}{n+3}$ **h** $\dfrac{a-1}{a-4}$

  i $\dfrac{n+3}{n-2}$ **j** $\dfrac{a-3}{a}$ **k** $\dfrac{w+1}{2w-1}$ **l** $\dfrac{2x+1}{x+3}$

page 133   Task E16.2

1. 4   **2.** 1   **3.** $\dfrac{2a}{3}$ **4.** $\dfrac{8x+3}{12}$

5. $\dfrac{5m}{6}$ **6.** $\dfrac{y}{12}$ **8.** $\dfrac{x}{5}$ **9.** $\dfrac{a+6}{a}$

10. $\dfrac{n}{n+1}$ **11.** $\dfrac{3a}{a+1}$ **12.** $\dfrac{m-3}{m}$ **13.** $\dfrac{x+5}{x+1}$

14. $\dfrac{b-4}{b+3}$ **15.** $\dfrac{7}{3}$ **16.** $\dfrac{x-4}{x-3}$

page 133   Task E16.3

1. $\dfrac{7a}{12}$ **2.** $\dfrac{9m-8n}{12}$ **3.** $\dfrac{x^2+2y^2}{xy}$

4. $\dfrac{12n+10m}{15mn}$ **5.** $\dfrac{146-3a}{21ab}$ **6.** $\dfrac{7n+23}{10}$

7. $\dfrac{a+24}{12}$ **8.** $\dfrac{19x-12}{24}$

9. $\dfrac{8x+26}{x^2+6x+8}$ **10.** $\dfrac{9n+31}{n^2+8n+15}$

11. $\dfrac{y+2}{y^2+11x+30}$ **12.** $\dfrac{5m-35}{m^2-3m-4}$

13. $\dfrac{14a-7}{8a^2+10a-3}$ **14.** $\dfrac{5}{a-b}$

15. $\dfrac{4x+15}{(x+2)(x+3)}$ **16.** $\dfrac{6n-10}{n^2+3n-10}$

17. $\dfrac{3w-3}{w^2+3w-4}$ **18.** $\dfrac{8m+35}{m^2-16}$

19. $\dfrac{3y+9}{(y+3)(y-3)(y+6)}$ **20.** $\dfrac{9x+17}{(x+3)(x+4)(x+1)}$

page 134   Task E16.4

1. a $x=3$ **b** $m=-1$ or 15   **c** $n=20$
4. a $x=4\cdot 16$ or $-2\cdot 16$ **b** 2 or $-\dfrac{4}{3}$
  c $2\cdot 63$ or $-2\cdot 41$ **d** $4\cdot 84$ or $-1\cdot 34$
5. b 25 m/s   **6.** $\dfrac{12}{x+2} + \dfrac{10}{2x-3} = 4$, $x=4$

page 135   Task M17.1

1. 8 cm   **2.** 2 km
3. 7 cm→4·2 m, 5 cm→100 m, 8 cm→4 km,
   3 cm→3 km, 8 cm→320 m, 2·5 cm→125 km
4. 5 cm   **5.** 12 m   **6. a** $17\cdot 56\,\text{km}^2$ **b** 73°

page 140   Task E17.1

1. b F   **c** T   **d** F   **e** T
2. A(0, 1), B(90°, 0), C(270°, 0), D(180°, −1)
4. −1   **5.** 1   **6.** Every 360°   **7.** 4

page 141   Task E17.2

1. 127°   **2.** 140°
3. a 321°   **b** 313°   **c** 189°   **d** 252°
4. b −cos 20   **c** sin 7°   **d** cos 14°   **e** −sin 66°
 f −sin 39   **g** tan 67°   **h** −cos 18°
5. a 46°, 314°   **b** 10°, 170°   **c** 248°, 292°
 d 33°, 327°   **e** 128°, 232°   **f** 207°, 333°
6. 79°, 282°   **7.** 240°, 300°
8. 210°, 340°, −30°   **9.** 120°, 240°

page 141   Task E17.3

3. a (−2, −1)   **b** (2, 1)   **c** (3, −1)   **d** (−2, −1)
5. $g(x) = -f(x)$

34 Higher tier

page 142 **Task E17.4**
5. a $(-4, 3)$ **b** $(-1, 6)$ **c** $(-8, 6)$ **d** $(-4, 18)$
6. Stretch parallel to x axis, factor $\frac{1}{3}$
7. $y = 4x^2 - 2x$

page 143 **Task E17.5**
4. a $(-2, 8)$ **b** $(-2, 5)$ **e** $(2, -8)$ **d** $(2, -2)$
5. $y = 3 - \cos x$ **6.** $y = \sin(4x) - 2$
8. translation $\begin{pmatrix} -1 \\ 0 \end{pmatrix}$

page 144 **Task M18.1**
2. 6

page 146 **Task M18.2**
1. A 035°, B 105°, C 220°, D 340°
2. a 065° **b** 130° **c** 165° **d** 310° **e** 245° **f** 345°
3. 329·6° **4.** 212° **5. a** 9·83 km **b** 202·1°
6. a 323° **b** 216·9°

page 147 **Task M18.3**
1. 7·0° **2.** 1327·5 m **3.** 22·5° **4.** 306·3 m
5. 27 m **6.** 42·6 m **7.** 202 m

page 148 **Task M18.4**
1. B(0, 4, 0), C(9, 4, 0), D(9, 4, 5), E(0, 0, 5), F(9, 0, 0), G(9, 0, 5)
2. a O(0, 0, 0), P(2, 0, 0), Q(2, 0, 2), R(0, 0, 2), S(0, 2, 2), T(0, 2, 0), U(2, 2, 0), V(2, 2, 2) **b** 2·83
3. a O(0, 0, 0), A(7, 0, 0), B(7, 0, 5), C(0, 0, 5), D$\left(0, 8, 2\frac{1}{2}\right)$, E$\left(7, 8, 2\frac{1}{2}\right)$ **b** $3\frac{1}{2}, 0, 2\frac{1}{2}$
4. O(0, 0, 0), P(10, 0, 0), Q(10, 0, 6), R(0, 0, 6), V(5, -13, 3)

page 149 **Task E18.1**
1. a 8·09 cm **2.** b 16·9 cm **3.** c 49·9° **4.** d 6·99 cm
5. e 7·97, f 6·77 **6.** g 16·0°, h 20·8 cm
7. 17·1 cm **8.** 20·3 km

page 150 **Task E18.2**
1. 14·2 cm **2.** 17·1 cm **3.** 35·5° **4.** 40·3°
5. 90·9 km **6.** $x = 227·7°$ $y = 241·9°$ **7.** 32·2 cm

page 151 **Task E18.3**
1. $a = 4·35$ cm, $b = 91·1°$ $c = 52·9°$
2. $d = 49·1°$, $e = 90·6°$, $f = 40·3°$
3. $g = 35°$, $h = 20·8$, $i = 21·7$ cm
4. 131·7 cm² **5. a** 24·7 km **b** 051·5°
6. 51·8 cm² **7.** 037·6°, 10·6 km

page 152 **Task E18.4**
1. a 6·36 cm **b** 10·2 cm
2. a 21·2 cm **b** 21·8 m **c** 21·8 cm
3. 70·7 m **4. a** 10·3 cm **b** 28·9 cm **c** 183 cm²
5. 1·90 cm

page 153 **Task E18.5**
1. a 22·0 cm **b** 39·5° **c** 34·5 cm **d** 60·5° **e** 37·2 cm **f** 22·1°
2. a 24·0 cm **b** 16·3° **c** 19·6 cm **d** 19·7°
3. a 16·6 cm **b** 12·8 cm **c** 37·6° **d** 50·8°
4. a EN = 2 m, MN = 3 m **b** 33·7° **c** 23·5 m **d** 4·86°